城镇化发展背景下
农村土地利用变化及生态环境效应

陈颖锋　祁佳睿◎著

WUHAN UNIVERSITY PRESS
武汉大学出版社

图书在版编目(CIP)数据

城镇化发展背景下农村土地利用变化及生态环境效应/陈颖锋，
祁佳睿著.—武汉：武汉大学出版社,2024.9
ISBN 978-7-307-24114-5

Ⅰ.城… Ⅱ.①陈… ②祁… Ⅲ.①农业用地—土地利用—
研究—万州区 ②农村生态环境—环境管理—研究—万州区
Ⅳ.①F321.1 ②F323.22

中国国家版本馆 CIP 数据核字(2023)第 211605 号

责任编辑:周媛媛 责任校对:牟 丹 版式设计:中北传媒

出版发行：武汉大学出版社 （430072 武昌 珞珈山）
（电子邮箱:cbs22@ whu.edu.cn 网址：www.wdp.com.cn)
印刷:武汉图物印刷有限公司
开本:720×1000 1/16 印张:10.25 字数:124 千字
版次:2024 年 9 月第 1 版 2024 年 9 月第 1 次印刷
ISBN 978-7-307-24114-5 定价:68.00 元

前　言

中国城镇化发展过程中产生的区域生态环境问题已经引起全社会的广泛关注。快速的城镇化发展吸引了大量人口由农村转移至城镇，这导致城镇地区不透水地表迅速扩张和农村地区耕地撂荒现象日趋严重，土地利用发生显著改变，这对区域生态环境和社会经济产生了重要影响。

2001 年，Lowe 等在《科学》(*Science*)杂志上发表文章指出，人类生计和生态环境的相互关系是可持续发展的核心科学问题之一。农户作为农村生态环境的微观主体，是我国广大农村重要的经济活动主体与基本的决策单位，其生计决策行为的选择对区域生态环境有着深远的影响。随着人类改造自然力度的不断增强和规模的不断扩大，人类活动对生态环境的影响程度也不断增大，不同的人类干扰强度产生了不同的生态环境效应。

评价生态环境效应的重要指标之一就是生态系统服务。生态系统服务是人类从生态系统获得的惠益，是农户生存发展的基本生活保障，也为改善农户生计提供了可能性。农户生计的改善依赖于生态系统服务的提升，同时生计反作用于生态系统的组成和结构，导致生态系统服务的变化。生态系统通过提供水源涵养、土壤保持等服务维护流域生态安全，同时也影响农户生计的改善。但普遍的情况是对生态系统服务的不合理使用，表现在对某些服务

（如水资源供给）过度利用，对其他服务（如文化服务）利用不足，而不合理的生态服务利用往往成为贫困的重要原因。针对农户生计或流域生态系统服务单方面的过度关注，往往容易导致贫困与生态退化的恶性循环。如何认识这种现象背后的发生机制和过程是消除贫困、保护生态环境的前提。农村地区的发展不应牺牲农业生产，也不应破坏区域生态环境。因此，对农户生计与生态系统服务之间相互关系的辨识是协调人地关系、促进区域可持续发展的基础和前提。

中共中央、国务院印发的《乡村振兴战略规划（2018—2022年）》明确把生态宜居、乡风文明等内容作为阶段性重点任务。因此，构建人类"生计生态"和谐的乡村可持续发展体系是乡村振兴工作的重点。然而我国正处于城镇化快速发展的阶段，在城镇化快速发展的背景下，人为因素已逐渐替代自然因素成为引发生态环境结构改变的主导因素，区域协调和城乡统筹是现阶段面临的首要任务。经济发展状况与生态退化是影响区域可持续发展的两个关键问题。在许多农村地区，这两个问题往往同时发生，并且相互影响，形成了"贫困—生态退化—贫困"的恶性循环。农户生计与区域生态系统的相互影响是当前研究热点。一方面，农户生计方式的选择依赖于生态系统提供的服务；另一方面，农户生计方式也影响了生态服务的改变。农户生计方式和区域生态系统服务的相互关系也是农村人地关系的主要研究内容之一。构建农户生计与生态系统服务关系形成的微观机制，深化人地关系的研究，可为我国农村"生计生态"和谐、可持续发展提供理论支持，对乡村振兴战略部署具有重要的指导意义。三峡库区地处四川盆地与长江中下游平原的接合部，该地区人口密度较大且土地后备资源不足。一方面，城镇化的发展使库区大量的耕地被不断扩张的城镇用地占用；另一方面，大量农村劳动力因城镇化发展发生转移，库区的人地关系趋于紧张。此外，三峡工程的建设使库区出现了大量移民，这改变了库区原本的人口分布，使库区城镇化水平在短时期内实现了跨越式发展，库区内部的生态环境也随之发生显著改变。因此，研究三峡库区城镇化发展背景下劳动力的转移规律、土地利用的变化状况及生态环境的变化状况，对研究山区的城镇化发展有重要的理论意义和实践意义。

基于此，本书分为以下几个章节展开：第一章，对本研究的研究背景及意义、国内外研究进展、内容与思路进行阐述；第二章，对研究区的概况及所使用的研究方法进行阐述；第三章，分析研究区的城镇化发展水平及劳动力转移的情况；第四章，从不同尺度分析研究区的土地利用变化；第五章和第六章，分别阐述研究区城镇化的生态效应、环境效应；第七章，进行总结并分析研究不足。

鉴于知识水平等方面的局限性，本书难免存在不足之处，恳请读者批评指正！

目　录

第一章 绪 论

一、背景及意义

1. 背景

我国当前正处于城镇化快速发展阶段。城镇化进程的快速推进，一方面，通过物质资本、人力资本的集聚推动了区域经济的发展（蔺雪芹 等，2013）；另一方面，农村劳动力析出和城市人口膨胀分别给农村和城镇的生态环境带来了极大的改变（岳正华，2004；方创琳 等，2016）。农村劳动力转移致使农村"空巢化"现象产生（于全魁 等，2013），农村的生产生活方式、土地利用强度和农户的生态环境保护意愿发生了明显的变化，出现了农地撂荒（刘成武 等，2005）、污染排放过于集中（王军 等，2015）等生态环境问题。而在城镇地区，城镇化的快速推进造成了严重的水污染、大气污染、噪声污染、固体废物污染和城市热岛效应等一系列环境问题（魏立强，2003）。

城镇化发展引起的区域环境问题、农村"空心化"现象和农地撂荒等问题引起了学界的高度关注（Conway et al., 2005；Liu et al., 2010；Eckert et al., 2014；Zhang et al., 2014）。然而，目前对城镇化的生态环境效应的研究主要集中在城镇区域，农村区域的相关研究则较少（Xi et al., 2015），且主要集中在土地利用变化、农地撂荒现象的数量变化、格局变化及其驱动机制（周青 等，2004），以及农户的土地利用行为变化、农地投入强度变化及其环境效应等方面（梁流涛 等，2008；阎建忠 等，2010；王成 等，2013；梁流涛 等，2015），对"城镇化发展—农村劳动力转移—农地利用方式、利用强度和格局变化—农村生态环境效应"的相互关联模式及综合作用机制研究较为缺乏。这不利于形成对农村生态环境问题的形成机制、农村生态环境治理的重点区域和重点对象的认识。

三峡库区是长江上游经济带的重要组成部分，又是与长江中下游地区紧密联系的关键区（刘颜畅，2014）。库区的社会经济发展和生态环境保护问题举世瞩目。2016 年 1 月，习近平总书记在重庆市调研时特别指出，保护好三峡库区和长江母亲河，事关重庆长远发展，事关国家发展全局。要深入实施"蓝天、碧水、宁静、绿地、田园"环保行动，建设长江上游重要生态屏障，推动城乡自然资本加快增值，使重庆成为山清水秀美丽之地。然而，随着库区城镇化进程的快速推进，库区生态环境的现状不容乐观（Shen et al., 2014）。三峡库区的城镇化发展进程有别于我国其他区域的自然演化过程，大量移民就地后靠成为库区城镇居民，使库区的城镇化水平在短时期内实现了跨越式发展（蒋建东 等，2015）。库区快速的城镇化进程，促使大量的农村劳动力向城市转移，大规模的耕地撂荒将对库区的生态服务功能产生显著影响，而库区农地施肥方式的转变，也使农村面源污染具有短期集中暴发的风险。此外，由于不同区域受城镇化影响的程度不同，农村生态环境效应也表现出明显的空间差异特征。

本书选取地处三峡库区腹地的重庆市万州区为研究区，在分析城镇化发展的基础上，结合农户调查、地面调查和遥感调查等技术手段，研究不同区域的农村劳动力转移特征、土地利用类型和利用强度变化特征、耕地撂荒特征。在此基础上，本书基于生态系统服务功能评估、小流域生态环境监测等方法，研究不同城镇化发展水平和不同区域的农村生态环境响应，旨在揭示三峡库区"城镇化发展—农村劳动力转移—农地利用方式、利用强度和格局变化—农村生态环境效应"这一综合作用机制。

2. 研究意义

受人口和资源的短期集聚及城镇环境容量限制的影响，城区的生态环境问题呈短期集中暴发的特点，容易引起全社会的迅速关注。但在农村地区，生产生活方式的变化难以引起社会的持续关注，农村生态环境问题呈现出缓慢累积的趋势，农村广大地区生态环境破坏和恢复问题必须得到重视。因此，研究快速城镇化进程对农村地区生态环境的影响是对当前城镇化研究内容的补充，具有重要的理论意义和实践意义。

（1）理论意义

本书从空间和时间两个维度，分别研究受城镇化差异性影响的空间区域和同一地区在不同城镇化水平时期的生态环境响应规律。以城镇化发展为原始驱动力，以农村劳动力转移为初始响应和附加驱动，以农村土地利用方式和利用强度变化为具体表征，以区域生态景观格局变化、生态系统服务功能变化、农村面源污染（含土壤污染、河流水污染和塘库水污染）和居民点排放污染等生态环境问题为落脚点，系统研究城镇化发展对农村生态环境的影响程度和作用机制。本书的研究思路、研究手段和研究成果可为城镇化相关领域研究提供理论借鉴。

（2）实践意义

重庆市万州区地处三峡库区腹地，是库区社会经济发展的中心区域，也是重庆市"一圈两翼"（即以主城为核心、以大约 1 小时通勤距离为半径范围的"一小时经济圈"，以万州区为中心的三峡库区域镇群组成的渝东北翼和以黔江区为中心的渝东南城镇群组成的渝东南翼）发展战略的重要组成部分，对三峡库区和快速城镇化发展地区来说，均具有较好的代表性。近年来，随着万州区城镇化进程的迅速推进，农村地区的耕地撂荒、土地退化、农业面源污染趋于集中等生态环境问题非常突出，一方面对地区社会经济发展的影响越来越显著，另一方面也对库区水质构成了潜在威胁。因此，研究该区域的城镇化发展及其生态环境效应，可为三峡库区的生态环境保护工作提供直接借鉴。此外，研究城镇化背景下的区域劳动力转移规律及土地利用变化规律，也可为制定区域协同发展战略提供直接参考。

二、国内外研究进展

1. 城镇化与劳动力转移

中国的城镇化发展是改变城乡二元经济结构、实现和谐社会，以及社会和经济可持续发展的重要战略之一，而人口的城镇化是城镇化最基本的内容（卢向虎 等，2006），是一个国家在经历工业化和现代化的发展过程中不可缺少的组成部分（王爱华，2015）。农村人口大量涌入城镇，已经成为中国城镇化发展的主要方式。

一般来说，城镇化发展与劳动力转移是相互制约和相互影响的（杨占鹤，2013）。中国"三农"问题的核心是农民问题，在本书中是指农村劳动力转移问题。城镇化发展与劳动力转移的关系受到了越来越多的关注。目前，对劳动力转移的研究主要集中在劳动力转移的空间特征（Fan, 2005）、发生转移的原因及相关政策研究（Zhu, 2007）等方面。

劳动力转移包括劳动力空间的转移和行业的转移。空间转移即地理上的转移，是指农村劳动力从农村移动到城市，从事非农业的生产活动。行业转移是指农村居民在没有离开农村的前提下，从第一产业转向从事其他非农产业。在我国现阶段城乡差距较大且城镇化快速发展的社会环境下，农村劳动力转移主要是通过空间上的转移得以实现的（杨占鹤，2013）。因此，城镇化对劳动力转移的影响主要表现为劳动力从农村流入城镇，使居住在城镇的居民人数持续增加，居住在农村地区的人数持续下降，农村"空心化"现象严重，村里只剩老人、部分妇女和儿童，青壮年劳动力都前往城镇区域务工（蔡昉，2007）。

目前，诸多学者对中国农村劳动力在转移过程中表现出的主要特征进行了研究，认为主要特征如下：①目的性较强，即希望获得较高的收入；②一般从事消耗大量体力的职业和服务性的职业；③以青壮年劳动力为主体；④稳定性较差，就业形势随年际变化波动明显（杨占鹤，2013）。

在劳动力转移发生后出现了一系列社会问题，主要包括：①转移之后进一步拉大了区域之间经济发展的差距。大城市和发达城镇的经济水平进一步得到提升，而落后地区与发达地区的差距则进一步拉大。②社会制度与保障措施的不健全使大多数农村转移人口表现出"半城市化"的迁移状态（白南生 等，2008）。转移的大多数劳动力难以永久定居于城镇，在正式成为城镇人口之前，他们作为流动人口形成了一个游离于城市与农村之间的特殊群体。由于在户籍制度、土地制度、社会保障制度等方面存在一系列制度性障碍，这些转移的劳动力难以真正融入城镇。这些制度在妨碍人口自由流动的同时，在一定程度上也阻碍了城镇化的进程。③迁移的人口素质相对较低。相比于城市，我国农村占有较少的教育资源，农村的劳动力文化素质相对低下，这也成了限制农民走出农村并融入城市的主要障碍（李曼曼，2013）。④农村"空心化"问题突出。农村内部普遍出现了人口老龄化、留守儿童教育欠缺、传统乡土社会瓦解等问题（罗小龙 等，2016）。

2. 城镇化的生态效应

城镇化发展引起的区域土地利用变化不仅将直接改变区域景观格局，而且将通过影响生态系统内部的物质循环和能量流动过程，对生物多样性和生态系统服务功能产生深刻影响。近年来，随着对城镇化进程研究的不断深入，土地利用变化引发的生态效应得到了广泛关注。可将现有研究分为以下三类：一是土地利用变化对水文、气候、土壤等单个环境要素的影响效应；二是土地利用变化对生态系统服务功能的影响效应；三是土地利用变化对景观格局的影响（邹秀萍 等，2005）。

国外对城镇化生态效应的探讨主要集中于生态系统服务的形成与变化机制、城镇化与生态系统的关系等领域，包括城镇化对生物多样性的影响、城镇化对生态系统服务功能的影响、城镇化对生态系统结构和能量流动的影响，以及城镇化对景观格局和初级生产力的影响等。如 Raven（2000）在研究中指出，人类活动引致的土地利用变化导致了生物多样性降低、生境破碎、土壤和水环境功能退化等生态环境问题。生态系统服务在土地利用变化过程中的脆弱性和适应性研究成为前沿问题。

国内学者则主要针对我国目前城镇化发展的水平与速度，以城镇化与生态环境的耦合关系研究和城镇化对生态系统服务功能的影响为主，并对土地利用变化对生态系统服务功能的影响、城镇化对生态环境的影响、城镇化与生态足迹的关系等进行研究。秦丽杰等（2002）指出，土地利用变化过程导致自然植被减少、环境污染加重、景观破碎化程度加大、景观斑块形状趋于单一等，这些因素将显著降低生物多样性水平。彭建等（2004）借助景观生态学的空间格局指数研究云南省永胜县的土地利用动态变化特征，并通过评价不同土地利用类型的生态系统服务功能，探讨土地利用变化的生态效应。结果表明，该县的土地利用变化对生态环境产生了正向影响。黄金川等（2003）认为，我国的城镇化已进入大规模发展阶段，而城镇化正在或即将对周围生态环境造成现实的破坏和潜在的威胁。耕地转变为城镇用地是我国目前城镇化发展面临的问题之一。刘新卫等（2008）通过研究我国目前快速城镇化与土地利用的变化，认为我国目前的城镇化占用了大量的耕地，粮食安全受到了威胁。朱莉芬等（2007）认为，城镇化的发展过程中，经济增长是影响耕地变化的主要因素，而不同城镇化模式对耕地的影响不同。Song 等（2015）对我国北方草原地区的研究结果表明，快速城镇化发展导致的土地利用格局变化，对区域的植被净初级生产力、土壤保持等生态系统服务功能产生了明显的影响。

近年来，城镇化发展带来的大规模耕地撂荒受到了诸多学者的广泛关注。国外学者很早就对耕地撂荒问题予以关注。耕地撂荒现象出现于 19 世纪初期，20 世纪中段出现了大范围的撂荒现象（Lasanta et al., 2017），到 20 世纪 90 年代，全球约有 $1.5 \times 10^{6} \, km^{2}$ 的撂荒地（Ramankutty et al., 1999）。在山区和半干旱地区，撂荒现象尤其显著（Sitzia et al., 2010; Sanz et al., 2013）。耕地撂荒不仅会对撂荒地区的生态环境和当地居民产生影响，而且明显影响作物生产，会对全人类造成影响（Mottet et al., 2006；Viviroli et al., 2007）。随着经济的快速发展，耕地撂荒和劳动力转移等问题逐步凸显。随着人口的转移，部分季节性撂荒逐渐向常年性撂荒转变，导致常年性耕地撂荒现象增加，并且耕地撂荒的范围也不仅仅限于劣等耕地，部分优等耕地也开始出现撂荒现象。目前，对撂荒现象的研究主要集中在以下三方面：一是研究撂荒现象发展的程度，或分析撂荒地产生的变化；二是研究撂荒现象的形成原因（Lasanta et al., 2017）；三是研究撂荒现象对区域生态环境的影响。

（1）撂荒现象发展的程度研究

在撂荒空间分布方面，目前大多数是基于大尺度（全球尺度、国家尺度）和区域尺度进行研究，并取得了一定的成果。在全球尺度下，撂荒地主要分布在发达国家（MacDonald et al., 2000），亚洲、拉丁美洲和东南亚地区撂荒现象也较严重（李升发 等，2016）；区域尺度的研究结果显示山区是耕地撂荒高度集中的区域，平原地区撂荒程度则相对较轻（Mather et al., 1998；徐莉，2010；邵景安 等，2014；邵景安 等，2015）。

相比于大尺度和区域尺度，村镇尺度的撂荒研究较少。这一方面是由于撂荒地难以在遥感影像上提取（Alcantara et al., 2012；Alcantara, 2013；Estel et al., 2015；史铁丑 等，2016），另一方面是由于目前各类统计资料中很少有对村镇撂荒地的统计。对于中小尺度撂荒分布的研究，大部分是通过农户调查的方法获取耕地撂荒信息。采用空间抽样的方法，以样本量代表区域的撂荒状况，利用遥感影像获取撂荒信息的较少（Dong et al., 2011；Xie et al., 2014）。目前的研究方法主要是结合统计数据与调查数据进行分析（熊祥强 等，2006；张佰林 等，2011；朱璠，2012；周丽娟，2013；李赞红 等，2014）。村镇尺度撂荒格局研究的主流观点是，耕地撂荒主要受到劳动力特征、耕作条件和社会经济状况的影响，撂荒地主要分布在离场镇较远的区域（郑财贵 等，2010），但撂荒程度和场镇距离之间的关系尚不清楚。在地块尺度方面，则认为撂荒的分布受农业生产条件影响，海拔高、坡度大、通勤半径大、土壤质量差的耕地容易被撂荒（李赞红 等，2014），地块与乡镇、村中心等人口聚集中心的位置关系不明朗。

（2）撂荒现象的形成原因研究

在城镇化过程中，大量农村人口迁往城市以获得更好的经济收益（Aide et al., 2004），劳动力的缺失被认为是撂荒最直接的原因（李升发 等，2016）。传统农业需要大量的土地资源，甚至需要农民在陡峭的山坡上开荒，使用较劣等的土地，并且需要构建一些复杂的基础设施，如灌溉系统、排水网络和篱笆等。随着经济的发展和社会的进步，山区的经济模式中，大多数的传统农业方法被淘汰（Lasanta et al., 2017）。

当一定数量的劳动力发生转移后，农民必须提高劳动生产率才能维持现有耕地的经营，否则农户会无法顾及所有土地，继而出现撂荒现象（Strijker, 2005）。机械替代是最有效的方式，但山区耕地受地形起伏的影响，多以梯田和坡地的形式存在，地块往往较为破碎，不利于大规模机械化操作。其实，当劳动力发生转移之后，并不是所有耕地全部被撂荒，留守的部分妇女、儿童及老年人会参与耕种（田玉军 等，2010）。部分学者通过对不同农户的生计状况进行大量调查研究，总结不同农户的撂荒原因及撂荒特点，分析农户撂荒的驱动因素。例如，李赞红等（2014）对重庆市 12 个典型村进行调研，定量分析了不同类型农户撂荒的影响因素，认为野生动物和人均耕地面积少是影响不同类型农户撂荒的原因；张佰林等（2011）对重庆 10 个区县的不同类型农户进行弃耕行为调查研究，总结了农户弃耕的特点，分析了农户弃耕行为的影响因素，得出旱地撂荒较水田普遍，撂荒的多为地块破碎、耕作条件差的地块；郭欢欢等（2014）则在张佰林等人分析的农户选择土地流转及撂荒可能性的基础之上，通过模拟未来人口迁移量，预测未来各区县撂荒地的数量；朱幡（2012）对河南省信阳市浉河区进行农户调查，分析耕地撂荒现象形成的过程及农村劳动力转移对耕地撂荒的影响；周丽娟（2013）对四川省宜宾市南溪区的撂荒状况进行调查，认为家庭总人口与外出打工人口对耕地的影响显著，外出打工人口越多，撂荒耕地也就越多。

上述研究均认为，劳动力转移是耕地撂荒的一个非常重要的原因，并且多数研究对不同类型农户的撂荒行为做了归类，分析了农户撂荒的可能性。这些研究结果可以较好地分析耕地撂荒与农户行为之间的关系，但这些研究均以农户或地块尺度为主，缺乏对特定区域的完整研究，对解释一个特定区域撂荒地时空分布格局及规律则显得不足。虽然劳动力的析出对撂荒会造成较大的影响已经形成共识，但目前研究主要集中于劳动力转移数量、性别比例变化、年龄结构变化、教育程度改变等方面（Romero-Calcerrada et al.,2004；Khanal et al., 2006；田玉军 等，2010；朱璠，2012），对劳动力转移的去向与撂荒之间关系的研究并不多见。

（3）撂荒对区域生态环境影响的研究

撂荒对生态环境影响的研究主要集中在土壤理化性质变化研究和生态系统服务功能的变化研究上。耕地撂荒之后，由于人类干扰强度的降低，土壤的理化性质会发生相应的改变，一般认为土壤容重会有所增加，土壤机械组成出现粗化现象，主要养分则呈现先降低后增加的趋势（李永强 等，2012）。撂荒生态效应存在明显的地域差别，其结果仍存在较大争议。有观点认为，耕地撂荒对半自然生境是一种威胁，某些地区的半自然生境有着较高的自然保护价值，应当维持农业生产状态；另一些观点认为，耕地撂荒是促进自然生态系统恢复和生物多样性保护的好契机。因此，撂荒对生态环境所产生的影响仍存在较大的争论。也有学者通过 CAPRI、CLUE-s、Dyna-CLUE 等计算机脚本模型（Keenleyside et al., 2010），在预测土地利用变化的基础上对撂荒进行模拟（Keenleyside et al., 2010；Morán-Ordóñez et al., 2011），分析未来农村土地利用格局的变化。这些模型考虑的主要因素是全球化的水平及经济发展的控制力，并取得了一定的成果。

3. 城镇化与土地利用变化

除了社会经济问题，城镇化发展带来的非常显著的特征就是土地利用的变化（余兆武 等，2015）。一方面，在城镇化过程中城市建设用地不断增加，城镇在扩张中侵占了郊区大量农业用地（司马文妮，2011），之前自然、半自然的生态系统逐渐被人为的生态系统替代；另一方面，大量农民进城务工，伴随劳动力的缺失，农村土地大量撂荒（丁喜芬，2014）。

目前，对城镇化与建设用地增加的研究主要集中在以下几方面：①城镇化发展与城镇建成区扩张的研究（陈丽霞，2014；马丹 等，2016）。建成区的扩张扩大了城镇的规模。②城镇化发展与道路交通设施建设的研究（方晓霞，2015；陈忠暖 等，2016）。城镇化的发展促进了不同等级公路、铁路的修建，同时道路修建刺激了城镇化的发展。完善的道路交通网也带动了城市群的兴起和发展，这对区域协调发展和产业布局至关重要。③城镇化发展使耕地转变为建设用地的研究。土地城镇化最显著的特点就是农用地的减少和建设用地的增加。有研究表明，虽然耕地处于减少的趋势，但通过一系列土地集约利用的措施和对城市用地的合理调整，反而提高了农用地的利用效率

（陈丽霞，2014）。城镇化发展与耕地保护之间的平衡是我国城镇化发展需要面对的关键问题。

目前，有关城镇化对土地利用影响的研究大多是基于土地利用/覆被变化的研究系统下的方法，许多研究将"景观生态学"的概念引入城镇化过程中的土地利用的变化中，使用生态系统格局与过程的关系，以及景观动态的模拟研究的理论与方法，可以帮助人们更好地了解城镇化过程中生态环境的响应机制，以同一研究地点的不同时间段为基础，通过分析景观各组成要素在各时间段的变化来探讨人为干扰强度与景观破碎度的关系。例如，曾凡海等（2011）研究了1986—2008年重庆市万州区的土地利用变化程度，发现在2000年之后变化最剧烈。目前针对城市区域的土地利用变化研究较多，而针对农村地区的土地利用变化研究较少，尤其是城镇化的发展与耕地撂荒之间关系的研究欠缺。

4. 城镇化的环境效应

城镇化带来的区域土地利用变化，通常会导致正向或负向的环境效应，这是近年来全球变化研究的热点。土地利用变化的环境效应主要包括土地退化、水土流失、面源污染和地表水质恶化等方面，且不同的土地利用变化模式对应不同的环境效应，同时也存在因地而异的现象（李秀彬，2008）。农地面积扩张导致土地退化，尤其是在农牧交错区和山区这一现象更为普遍（Tabassum et al., 2014）。然而也有研究指出，土地退化并不是农地扩张这一单个因素作用的结果，人口减少也可能导致土地退化，认为土地退化 =（自然退化过程 + 人类的扰动）–（自然再生产 + 恢复性管理）。另一种观点认为，优质土地的集约化利用将对劣质土地产生"挤出效应"，出现粗放化或边际化现象，将显著减少山区和干旱区的水土流失，对环境产生正向影响，这种现象在欧洲（MacDonald et al., 2000）、美国和一些发展中国家均有报道。还有一种普遍的观点是，农地粗放化利用或弃耕减少了人类对自然的扰动，将有利于森林保育和提高地表植被覆盖率，促使生态环境向好的方向发展（Grau et al., 2007；Gellrich et al., 2008）。然而，也有研究结果显示，由于农地撂荒致使原有梯田不再得到维护，田埂和台地垮塌加剧了半干旱区的水土流失（Lesschen et al., 2008）。

城镇化造成的土地利用变化也可能影响地表水水质和土壤环境质量，威胁饮用水安全和人类健康。Keeler 和 Polasky（2014）对美国明尼苏达州东南部的饮用水水井的水质研究结果表明，由于 2007—2012 年该区域草地大量向农用地转变，水井中硝态氮含量增加超过 45%，治理水井氮素污染的成本费将高达 70 万～1200 万美元。欧阳进良等（2004）通过研究不同类型农户在地块尺度的土地利用方式的差异性发现，农户不同的土地利用方式对土地质量和土壤环境产生的影响不同。陈世发等（2013）分析了粤北岩溶山区农户行为与水土流失的耦合关系，发现不合理的土地利用方式和植被破坏等农户行为是产生水土流失的重要原因。上述研究对不同区域的土地利用变化引起的生态环境效应差异关注不足。

三、研究内容与思路

1. 研究内容

本书针对城镇化发展引致的农村生态环境效应这一关键问题，以重庆市万州区为例，开展城镇化背景下的农村生态环境效应研究。主要内容如下。

（1）万州区城镇化的发展状况

通过查阅统计资料、土地利用数据和问卷调查分析结果，从人口、土地、经济、社会四方面对万州区及其下辖乡镇的城镇化水平进行评价。人口城镇化主要评价户籍人口、常住人口和城镇化率；土地城镇化主要评价建成区的扩张及不透水地表比例；经济城镇化主要评价地区生产总值及三产结构；社会城镇化主要用医院数量及床位数、公路里程和学校数予以表征。

（2）城镇化发展过程中的劳动力转移规律

主要通过问卷调查的方式分析万州区不同区域的劳动力转移去向、外出时间及外出收入情况，并分析近城区、中间区和远城区劳动力转移的异同点。

（3）土地利用空间格局及变化状况

使用无人机进行低空航拍，并借助面向对象的遥感影像解译方法，结合实地调查数据，分析近城区、中间区和远城区撂荒地的空间格局差异，以及耕地撂荒与劳动力转移之间的关系。此外，从农地利用方式和利用强度两个视角，研究不同区域的土地利用差异特征。

（4）城镇化发展背景下的生态效应及环境质量变化

基于万州区典型小流域的高分辨率土地利用数据，并结合土壤样品分析数据，修正生态服务模型的部分参数，计算万州区典型小流域的生态系统服务，包括土壤保持、水源涵养、洪水缓解等。基于土壤样品数据，并借助小流域环境监测、地面调查等手段，分析土壤理化性质、河流水质和塘库水质在不同城镇化影响程度和不同城镇化发展水平下的差异特征。

2. 研究思路

本书分析了万州区 2000—2015 年城镇化发展的水平，结合农户调查、地面调查和遥感调查等技术手段，研究不同区域的农村劳动力转移特征、土地利用类型和利用强度变化特征、耕地撂荒特征。在此基础上，基于生态系统服务功能评估、小流域生态环境监测等方法，研究不同城镇化发展水平和不同区域的农村生态环境效应，旨在构建三峡库区"城镇化发展—农村劳动力转移—农地利用方式、利用强度和格局变化—农村生态环境效应"这一综合作用机制。

第二章　研究区及研究方法

一、研究区概况

1. 万州区概况

重庆市万州区因"万川毕汇"得名，地处四川盆地东缘，重庆市东北边缘，位于北纬 30° 23′ 50″ ～ 31° 0′ 18″、东经 107° 52′ 22″ ～ 108° 53′ 52″，幅员 3456.41 km²。东与云阳县相连，南与石柱土家族自治县和湖北省利川市接壤，西与忠县、梁平区毗邻，北与开州区和四川省开江县交界。东西广 97.25 km，南北袤 67. 25 km，城区面积 110 km²，直线距离重庆市 228 km。区内山丘起伏，最高点位于普子乡七曜村沙坪峰，海拔 1762 m；最低点位于黄柏乡境内，随长江蓄水水位变化而变化。低山、丘陵面积约占 1/4，低中山和山间平地面积约占 1/4，极少平坝和台地，且零星散布。[①]

---

① 万州区党史和地方志研究室.自然地理 [EB/OL].（2023-03-03）[2023-07-01]. http://www.wz.gov.cn/zjwz/zrdl/202105/t20210519_9300000.html.

2. 自然条件

万州区地貌以山地、丘陵为主，间有河流阶地、浅丘平坝等地貌，总体形成了南北高、中间低的地势。其地貌大体可分为三种类型：一是海拔在 800 m 以下的丘陵区，主要沿长江两岸分布，是主要农业耕作重点区；二是海拔在 1000 ~ 1500 m 的低山区，是万州区内最主要的地貌形态，同时也是主要的粮食和经济作物种植区；三是海拔 1500 m 以上的中山区，主要包括万州区西部的悦君山、北部的铁峰山和东南部的七曜山等，是果木、药材和牧草的种植区域。

万州区地属亚热带季风湿润气候区，气候温和。2021 年，万州区年平均气温约为 19.3℃。四季分明，具有春早、夏长、秋雨、冬暖的立体性气候特点，农作物四季都能生长，有利于农业和多种经营的发展。降雨充沛，年降水量为 1531.1 mm，汛期降水主要集中在 5 ~ 9 月，其间降水量约为 1070.7 mm。日照偏少，无霜期长，2021 年日照时数为 1126.0 h。

万州区境内河流纵横，河流、溪涧切割深，落差大，高低悬殊，呈枝状分布，均属于长江水系。长江自西南石柱土家族自治县、忠县交界的长坪乡石槽溪入境，向东北横贯腹地，经黄柏乡白水滩出境流入云阳县，境内流程 82.6 km。万州区内流域面积在 100 km^2 以上的河流共有 8 条，溪沟共 93 条，总水域面积为 108.67 km^2。

万州区地处的三峡库区是我国植物区系中特有属分布中心之一，植被种类资源十分丰富，是我国一处重要的植物宝库。2021 年，万州区森林面积为 1936km^2，森林覆盖率为 56.0%。区域内森林资源丰富，植被以乔木、灌木为主，其中裸子植物 24 种，被子植物 505 种，地带性植被为常绿阔叶林，但受人为活动及其他自然因素影响，区域内植被主要为次生林，森林质量有待提高。作为长江流域的重要生态保护区，万州区是重庆市率先启动退耕还林工程的行政区之一（喻永红，2014）。截至 2021 年，全区完成天然林保护共计124986 hm^2，实有封山育林面积 3533 hm^2。

万州区的土壤类型主要为紫色土、黄壤和水稻土。紫色土分布在 800 m以下的丘陵低山地带，同时是川东平行岭谷区的主要土壤类型，该类土富含磷、钾元素，松软易耕，适宜多种作物；黄壤主要分布于海拔 600 m 以下的河谷盆地和丘陵地区，是三峡库区基本水平地带性土壤，土壤的自然肥力较高；水稻土分布于海拔 1200 m 以下的区域，是在长期种植稻谷的水湿条件下形成的一种非地带性土壤。

3. 社会经济

根据《万州统计年鉴 2022》数据，2021 年年末全区户籍人口为 171.5 万人，其中乡村人口为 100.8 万人，城镇人口为 70.7 万人，乡村人口占总人口的 58.78%；男性 87.0 万人，女性 84.5 万人，男女比例为 1.03：1。常住人口156.87 万人。

2021 年万州区地区生产总值 1087.95 万元，若按常住人口计算，人均生产总值 69353 元。第一产业产值 108.91 万元，占总产值的 10.01%；第二产业产值 310.96 万元，占总产值的 28.58%；第三产业产值 668.08 万元，占总产值的 61.41%。

万州区旅游资源丰富，自然旅游资源有大垭口森林公园、泉活森林公园、铁峰山国家森林公园、青龙瀑布和潭獐峡等，人文古迹多，包括西山碑、库里申科墓、天生城和钟鼓楼等，这些旅游景点均具有极高的观赏价值。2021

年全年接待游客 2193.66 万人次，实现旅游总收入 123.04 亿元。其中接待入境游客 0.12 万人次。2021 年末全区拥有国家 AAA 级及以上景区 10 处。

万州区交通以公路运输和水运为主，2021 年末全区公路通车里程达到 8051 km，其中等级公路里程 7911 km；全年完成全社会公路货运量 6.801×10^7 t，完成全社会客运量 1742 万人次；全年港口完成货物吞吐量 2.604×10^7 t；拥有各类船舶 265 艘，民用汽车总数 25.92 万辆，其中私人汽车拥有量达到 24.43 万辆。

二、研究方法

1. 资料收集与整理

研究所需的社会经济统计数据主要来源于万州区 2000—2022 年的统计公报和统计年鉴数据，主要用于分析万州区在 2000—2015 年的城镇化发展水平。2000 年土地利用数据通过 Landsat-5 卫星遥感影像解译获得；2005 年、2010 年土地利用数据通过 Landsat-7 卫星遥感影像解译获得；2015 年土地利用数据通过 Landsat-8 卫星遥感影像解译获得，土地利用变化数据主要用于分析三峡库区在城镇化快速发展时期（2000 年、2005 年、2010 年和 2015 年）的土地利用格局变化。气温和降水数据由万州区 2011—2017 年日气象数据计算并通过插值获得，其中万州气象站点数据下载自万州气象服务网。气温和降水数据用于计算万州各小流域生态服务功能。

2. 问卷调查

本书所使用的调查问卷包括对农户的调查问卷和对村干部的调查问卷两类，分别对与城区不同距离的村庄进行调查。

本书以万州建成区为中心，按照乡镇到建成区的不同距离，将万州区分为主城区、近城区、中间区和远城区。万州建成区地处万州的几何中心，主城区是建成区的主要覆盖范围，包括 11 个街道办事处，位于万州区的中心位置，主城区面积约 188.09 km^2，占万州区面积的 5.44%；将与万州主城区接壤的乡镇（包括长岭镇、新田镇、高峰镇、九池乡、高梁镇和天城镇 6 个乡镇。高峰、九池、天城在调查时还是乡镇，2021 年才改成街道，特此说明）设为近城区，近城区面积约 502.74 km^2，占万州区面积的 14.55%；将除近城区外，与万州建成区距离在 50 km 以内的乡镇（包括溪口乡、燕山乡、瀼渡镇、龙沙镇、响水镇、甘宁镇、走马镇、茨竹乡、龙驹镇、长滩镇、大周镇、熊家镇、太龙镇、李河镇、分水镇和柱山乡共 16 个乡镇）设为中间区，面积约 1270.60 km^2，占万州区面积的 36.76%；将与万州建成区距离在 50 km 以上的乡镇（包括太安镇、铁峰乡、小周镇、黄柏乡、白羊镇、梨树乡、地宝土家族乡、白土镇、普子乡、恒合土家族乡、罗田镇、孙家镇、郭村镇、长坪乡、武陵镇、后山镇、新乡镇、余家镇和弹子镇共 19 个乡镇）设为远城区，远城区面积约为 1494.98 km^2，占万州区面积的 43.25%。

（1）农户问卷

本书以万州主城区为中心，分别往东、南两个方向，以到主城区近、中、远三个不同距离共选取长岭镇、长滩镇、普子乡、新田镇、燕山乡和长坪乡共 6 个乡镇，又分别选取到乡镇场镇不同距离的村庄进行农户问卷调查，共计调查 19 个村庄，获取有效问卷 251 份。调查对象是了解家庭情况的户主，问卷主要涉及农户的生产活动方式，以及家庭中的劳动力转移情况（见表 2-1）。

表 2-1　农户调查问卷内容

类　别	调查内容
劳动力转移	转移人数、转移时间、转移去向
生产活动	耕作面积和撂荒面积、农作物种植的种类、对农地的扰动强度

（2）村干部问卷

本书以万州主城区为中心，分别在东、西、南、北四个方向选取到主城区不同距离的乡镇，并选择乡镇内与场镇不同距离的村庄，对该村的村委会主任或村支书进行问卷调查。在万州区共计调查 17 个乡镇共 69 个村庄，获取了 69 份村干部问卷。

问卷内容主要涉及村域的耕地、人口和劳动力转移信息（见表 2-2）。每份问卷需用 20～30 min 询问具体指标，并用 40～50 min 对村干部进行访谈，了解该村的经济水平、村民意愿和相关政策等。

表 2-2　村干部调查问卷内容

类　别	调查内容
耕地信息	总面积、撂荒面积、不同年限撂荒地比例、流转耕地面积、退耕还林面积
人口信息	总人口数、常住人口数、性别比例、文化程度、年龄结构
劳动力转移	转移数量、转移去向、转移时间、转移年龄结构、转移性别比例

为了验证村干部所提供结果的准确性，笔者对参与村干部和农户问卷调查的 9 个村庄进行了结果对比，通过比较农户调查结果和村干部调查结果，

检验村干部调查结果的准确性。比较的指标包括平均耕地撂荒比例、人均耕地面积、人均撂荒面积、劳动力转移比例、转移至重庆市和外省的劳动力比例、转移至万州城区的劳动力比例、转移在本乡镇的劳动力比例等。结果显示，村干部与农户问卷结果在耕地信息和劳动力转移信息方面二者相差均在10%以内。因此，本书认为，村干部问卷的调查结果可以代表该村的实际情况。

3. 遥感影像处理

（1）航空遥感监测

①影像获取。本书使用无人机进行低空俯拍，获取高分辨率地面影像。无人机具有成本低、操作简便、获取影像速度快、地面分辨率高等一系列优点（王利民　等，2013）。卫星影像受天气影响大，空间分辨率较低，且拍摄时间固定，往往不能满足检测要求；而通过人工采集影像耗时、耗力且效率较低。无人机弥补了二者的不足（李冰　等，2012），同时无人机与遥感技术相结合形成的无人机低空遥感系统，更是具有机动、快速、经济等优点（李秀全　等，2016）。目前，已有诸多学者利用无人机遥感进行农情监测（李冰　等，2012），在覆盖度测量、面积估算（王利民　等，2013）、作物解译等方面得出可靠的结果。

本书在万州全区选取 20 个典型小流域进行低空俯拍，20 个小流域涵盖面积共 27.94 km²，约占万州全区面积的 0.81%。近城区包括陈家沟小流域和万河小流域，面积共 11.4 km²，占小流域总面积的 40.80%；中间区包括 9 个小流域，面积共 9.51 km²，占小流域总面积的 34.04%；远城区包括 9 个小流域，面积共 7.03 km²，占小流域总面积的 25.16%。

本书使用的无人机型号为大疆 Phantom 3 Professional 四旋翼无人机，最大飞行高度为 500 m，可以到达水平方向 3 km 以内的区域，电池续航能力约为 15 min。拍摄相机为无人机自带相机，相机分辨率为 4000×3000dpi，经计算，当无人机在 300 m 高空进行俯拍时影像分辨率可达 0.2 m，可以满足本书对影像的精度要求。

由于本书使用的拼图软件 Agisoft PhotoScan 要求在进行航空摄影时达到至少 60% 的侧向重叠和 80% 的航向重叠（李秀全 等，2016），当无人机飞行高度为 300 m 时，相邻拍摄点距离在 150 m 以内，后期拼接效果较好。因此，使用无人机进行网格轨道式拍摄，相邻拍摄点之间间隔为 100 m。

②影像拼接。本书使用 Agisoft PhotoScan 软件将航拍影像进行拼接并建模，生成高分辨率影像及数字高程模型（digital elevation model, DEM）（赵云景 等，2015；李秀全 等，2016）。该软件是一款基于影像自动生成高质量三维模型的软件，可生成高分辨率正射影像，它使用了在运动信息中恢复三维场景结构（structure from motion, SfM）的方法，首先对不同影像进行两两匹配，从中寻找最优的两幅影像进行初始配对，然后逐次加入新的影像并平差，直到所有有效影像添加完成。通过该软件拼接生成的影像变形幅度小，可用于进行遥感解译分析。通过对无人机影像的拼接，可生成区域高分辨率影像和数字表面模型数据（digital surface model, DSM）。

（2）影像解译标志

根据研究需要，将土地利用类型分为道路、耕地、果园、撂荒地、居民点与工矿用地、林地、裸地和水域。使用面向对象的解译手段对影像信息进行提取，主要根据不同地物在红、绿、蓝三色模式（RGB）影像上的色调、形状，并辅以地表起伏信息进行判断。

①道路。道路在 RGB 影像上呈长条形，颜色较为均一且亮度较高；在 Slope 影像上则表现为起伏很小，是较容易判断的一种地物（见图 2-1）。

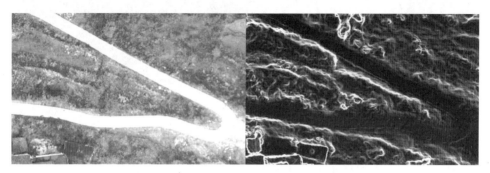

（a）RGB 影像　　　　　　　　　　　　　（b）Slope 影像

图 2-1　航拍影像与坡度影像的道路信息

②耕地。耕地的形状多为长方形（处于平地）和长条形（处于梯田），在 RGB 影像上色调较为均一，处于耕种期的耕地表现较为均匀，即图 2-2（a）中浅色部分，休闲期耕地表现也较为均匀，即图 2-2（b）中深色部分；在 Slope 影像上耕地起伏较小（见图 2-2）。

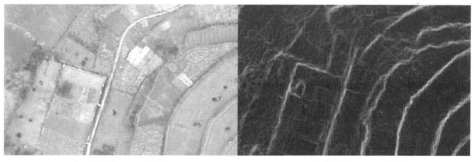

（a）平地 RGB 影像　　　　　　　　　　　（b）平地 Slope 影像

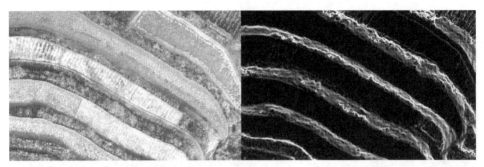

（c）梯田 RGB 影像　　　　　　　　　（d）梯田 Slope 影像

图 2-2　航拍影像与坡度影像的耕地信息

　　③果园。不同的果园类型在影像上表现形式不同。万州区果园大多种植于梯田或平地之上，较少分布于坡地，在 RGB 影像上多为绿色。柑橘、枇杷等果树在 RGB 影像上排列整齐［见图 2-3（a）］，Slope 影像上果树位置起伏明显［见图 2-3（b）］；猕猴桃、清脆李等果树在 RGB 影像上均分布在平地或梯田之上［见图 2-3（c）］；田中有明显的点状或块状分布（即支架或果树植株），在 Slope 影像上起伏较明显［见图 2-3（d）］。

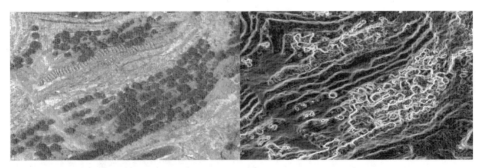

（a）无支架果树的 RGB 影像　　　　　　（b）无支架果树的 Slope 影像

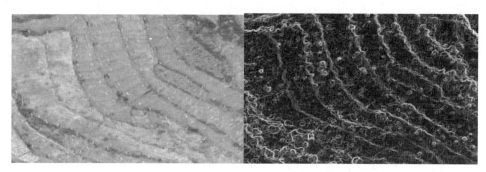

（c）有明显支架果树的 RGB 影像　　　　　（d）有明显支架果树的 Slope 影像

图 2-3　航拍影像与坡度影像的果园信息

　　④摞荒地。区别摞荒地与耕地是解译工作的难点，因为两种地类形状相
似。耕地在 RGB 影像上表现为色调较为均一，区域坡度变化较小，而摞荒
地由于生长有杂草或者低矮的灌木，在 RGB 影像上表现较为混杂［见图 2-4
（a）］；在 Slope 影像上耕地表面起伏较小［见图 2-4（b）条状位置］，而摞荒
地表面则起伏较大，摞荒地与耕地主要区别见表 2-4。

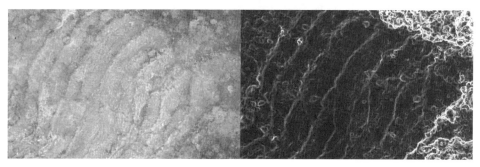

（a）RGB 影像　　　　　　　　　　（b）Slope 影像

图 2-4　航拍影像与坡度影像的摞荒地信息

表 2-4 撂荒地与耕地主要区别

区别	撂荒地	耕地
颜色	绿色与棕黄色混杂，同一地块内色彩差别较大	单一的绿色，若还未进行播种或已收割完毕的地块则呈土黄色，同一地块内色彩差别较小
像元的坡度值	同一地块内差别较大	同一地块内差别较小

⑤居民点与工矿用地。居民点与工矿用地在影像上呈现较为规则的矩形，在 RGB 影像上多为块状分布，边界不明显［见图 2-5（a）］；在 Slope 影像上起伏较小，但边界显著［见图 2-5（b）］。

（a）RGB 影像　　　　　　　　　　（b）Slope 影像

图 2-5 航拍影像与坡度影像的居民点与工矿用地信息

⑥林地。林地边界较不规整。在 RGB 影像上表现为浅色部分［见图 2-6（a）］，在 Slope 影像上起伏很大［见图 2-6（b）］。

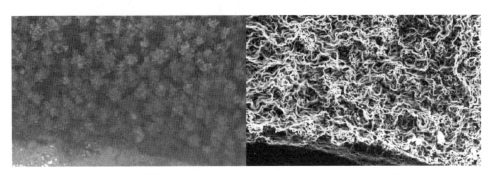

（a）RGB 影像　　　　　　　　　　　　　（b）Slope 影像

图 2-6　航拍影像与坡度影像的林地信息

　　⑦裸地。裸地即没有植物生长的裸露地面，万州区极少有裸露岩石，裸地一般以裸土的形式存在。在 RGB 影像上呈现效果为浅色区域，起伏不显著 [图 2-7（a）]；在 Slope 影像上起伏较为显著，深浅度区分较明显 [图 2-7（b）]。

（a）RGB 影像　　　　　　　　　　　　　（b）Slope 影像

图 2-7　航拍影像与坡度影像的裸地信息

　　⑧水域。研究区水域一般分为河流和塘库两种类型，在 RGB 影像上河流呈浅色分布，塘库呈深色分布 [见图 2-8（a）]；在 Slope 影像上水域几乎没有起伏 [见图 2-8（b）]。

（a）RGB 影像　　　　　　　　　　　　（b）Slope 影像

图 2-8　航拍影像与坡度影像的水域信息

（3）解译方法及精度验证

使用 ArcGIS 软件的 Slope 工具，在 DEM 数据的基础上求得每一个像元的坡度数值。使用面向对象的方法对拼接之后的影像进行解译，解译地类包括耕地、撂荒地、果园、林地、居民点及工矿用地、水域、裸地和道路。使用 eCognition 软件的多尺度分割工具（multiresolution segmentation）对影像进行多尺度分割，将不同类型地物进行区分。使用分类工具（hierarchical classification）对不同地物类型进行训练样本的选择和归类，进而获取土地利用数据。

在机器解译之后再进行人工目视修改，修改完毕之后，对 20 个典型村的解译结果进行精度验证。对每个典型村的解译结果分别选取 100 个点进行验证，土地利用的平均解译精度达 82%，其中耕地和撂荒地的解译精度分别达到 84.4% 和 78.2%，可以满足研究的分析要求。

4. 野外调查

（1）塘库水质监测

通过实地调查发现，塘库在三峡库区广泛分布，其数量多、密度大，是一种重要的生态系统。塘库种类较多，主要分为灌溉、养殖、饮用、废弃等类型，它是坡面的汇水点，具有供给、洪水调蓄、水质调控等功能，对小流域水土流失、面源污染，以及社会经济发展均具有不可忽视的作用。笔者于2015—2016 年针对陈家沟流域内的塘库开展了塘库空间分布与塘库水文水质的调查。

调查内容包括塘库周边土地利用、塘库修建时间、塘库用途等信息。每月采集一次塘库水样，比较其水质的变化；同时根据塘库的类型、规模和分布，选择 10 个长期观测的典型塘库，根据降雨情况，采集降雨过程中汇入、流出塘库水样（每小时 1 次）和雨后塘库水样。水质监测指标主要为总氮和总磷含量。

（2）流域水文水质监测

为了研究同一区域在不同城镇化发展时期的生态环境响应，本书使用了中国科学院万州典型区生态环境监测重点站（以下简称"中国科学院万州监测站"）在过去 10 余年的小流域径流养分和泥沙观测数据。陈家沟小流域地处万州近城区的长岭镇，流域面积 8.32 km^2，流域受到水库建设及运行、移民迁建、城镇化和社会经济发展的综合影响，流域的自然过程和人文活动发生了一定程度的变化，在三峡库区中部具有代表性，能够充分反映库区生态环境的时空变化。本书通过中国科学院万州监测站在陈家沟流域内布设乔家 1号、乔家 2 号两个支沟测流堰，专门用于观测耕地撂荒的生态环境效应。各集水区出口断面概况详见表 2-5，主要监测指标为水体总氮、总磷浓度及泥沙含量。

表 2-5　乔家 1 号、乔家 2 号监测断面集水区出口断面概况

测流堰名称	面积 / km²	测流堰坐标	海拔 / m	流域主要土地利用类型
乔家 1 号	2.5	108°30'18"E，30°44'43"N	424 ～ 485	撂荒地
乔家 2 号	3.5	108°30'18"E，30°44'42"N	424 ～ 497	撂荒地

（3）土壤样品采集与分析

本研究通过对万州不同区域、不同土地利用类型的土壤样品实验，分析土壤物理和化学性质，分析不同区域之间、不同土地利用类型之间土壤理化性质的区别，用以说明城镇化的环境效应。

在近城区、中间区和远城区的 26 个村共采集 168 个土样数据。其中，耕地土样 56 个，撂荒地土样 42 个，果园土样 29 个，林地土样 41 个。土壤理化性质的测定包括土壤容重、颗粒组成、有机质、全氮、全磷、全钾、碱解氮、速效磷和速效钾等。土壤重金属污染主要测定土壤镉含量、铅含量和铬含量等指标。

第三章　城镇化与农村劳动力转移

一、城镇化发展水平

1. 人口城镇化

2000 年以来，万州区常住人口总体呈现先降后升的趋势。2000—2005 年呈下降趋势，从 156.3 万人下降至 151.5 万人，2005 年之后则持续上升，至 2013 年升至 158.1 万人（见表 3-1），2013 年之后保持稳定。[①] 在人口自然增长率为正的情况下，2005 年之前常住人口的持续减少说明当时的万州区是劳动力输出地，而 2005 年以后则变为劳动力输入地。2000—2021 年，万州区城镇人口持续增加，而乡村人口持续减少。2000 年城镇人口数为 56.7 万人，2021 年则增至 109.25 万人，增幅 92.68%；乡村人口从 2000 年的 99.5 万人减少至 2021 年的 47.6 万人，降幅 52.16%，说明万州农村仍为人口输出区域。城镇化率从 2000 年的 36.30% 增长至 2021 年的 69.64%。2021 年全国城镇化率为 64.72%，万州区城镇化率较全国平均水平高 7.6%。

[①]　资料来源：《万州统计年鉴 2006》《万州统计年鉴 2014》。

表 3-1　万州区常住人口及城镇化率（2000—2021 年）

年份	常住人口/万人	城镇人口/万人	乡村人口/万人	城镇化率
2000 年	156.3	56.7	99.6	36.30 %
2001 年	155.0	59.7	95.3	38.50%
2002 年	153.2	63.1	90.1	41.20 %
2003 年	152.9	66.5	86.4	43.50%
2004 年	151.9	67.6	84.3	44.50 %
2005 年	151.5	69.7	81.8	46.00 %
2006 年	151.8	72.1	79.7	47.52 %
2007 年	151.9	74.1	77.8	48.80 %
2008 年	153.3	77.3	76.0	50.40 %
2009 年	154.3	80.7	73.6	52.30 %
2010 年	156.3	86.0	70.3	55.00 %
2011 年	157.3	88.2	69.1	56.07 %
2012 年	158.0	92.4	65.5	58.51 %
2013 年	158.1	94.5	63.6	59.77 %
2014 年	158.0	96.2	61.8	60.89%
2015 年	157.8	98.4	59.4	62.36%
2016 年	157.4	100.4	57.0	63.79%
2017 年	156.9	102.7	54.2	65.46 %
2018 年	156.4	104.6	51.8	66.88 %
2019 年	156.4	106.5	49.9	68.14 %
2020 年	156.4	107.8	48.6	68.93%
2021 年	156.9	109.3	47.6	69.66%

资料来源：《万州统计年鉴 2022》。

2. 土地城镇化

区域土地城镇化最显著的标志是建成区的扩张和建设用地的增加。2000
年万州建成区面积为 13.77 km²，2005 年为 26.10 km²，2010 年为 49.97 km²，
2015 年扩张至 69.15 km²。16 年间，万州建成区面积增加 55.38 km²，增长
4.02 倍。

万州区 2000 年建设用地面积为 31.66 km^2，2005 年增加至 48.39 km^2，2010 年增加至 91.86 km^2，2015 年增加至 176.11 km^2。16 年间共计增加 144.45 km^2，增长幅度为 356.25%（见图 3-1）。

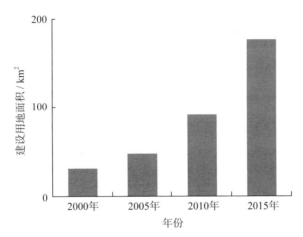

图 3-1　2000 年、2005 年、2010 年、2015 年万州区建设用地面积变化

3. 经济城镇化

万州区经济总量增长迅速。2000—2014 年，万州区地区生产总值从 72.30 亿元增至 771.23 亿元，15 年间增长 9.67 倍。其中，2000—2006 年地区生产总值平稳发展，平均年增长率约为 15%；2007—2011 年万州区地区生产总值加速上升，平均年增长率约为 40%；2012 年之后又趋于平稳，以 10% 的年增长率稳步发展。2000 年万州区人均国内生产总值为 4335 元，2014 年为 48201 元，增幅 1011.90%（见图 3-2）。地区生产总值增长率和人均地区生产总值增长率均超过全国同期增长水平。

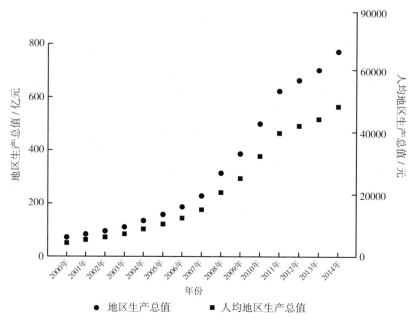

图 3-2　2000—2014 万州区地区生产总值和人均地区生产总值统计图

万州区以第二产业和第三产业为主，三次产业结构趋于优化。第一产业比重呈持续下降趋势，第二产业比重增加明显，第三产业比重呈先增后降的趋势。2000 年三次产业结构比例为 17.2：36.6：46.2，到 2014 年变为 7.1：50.8：42.1，"二三一"的产业结构布局得以强化（见表 3-2）。

表 3-2　万州区三产结构（2000—2014 年）

年份	第一产业	第二产业	第三产业
2000 年	17.2%	36.6%	46.2%
2001 年	15.2 %	36.7 %	48.1 %
2002 年	14.8 %	36.4 %	48.8%
2003 年	13.5%	36.6%	49.9%
2004 年	12.9%	36.3 %	50.8%
2005 年	12.1 %	36.6%	51.3%
2006 年	9.4 %	37.0 %	53.6%
2007 年	10.0 %	39.8%	50.2 %

续表

年份	第一产业	第二产业	第三产业
2008 年	9.0 %	46.5%	44.5 %
2009 年	7.7 %	51.2%	41.1 %
2010 年	6.8 %	54.7 %	38.5%
2011 年	6.8%	56.4%	36.8 %
2012 年	7.1 %	53.0 %	38.9 %
2013 年	7.4 %	51.5 %	41.1 %
2014 年	7.1 %	50.8 %	42.1%

万州区工业化进程稳步推进，已迈入工业化中期。2000—2014 年全区工业化率从 36.6% 增加至 50.8%，增长了 14.2 个百分点，平均每年增加 1 个百分点，已接近全国平均水平。三次产业结构调整变化幅度分别为 -10.1%、14.2%、-4.1%，这进一步表明万州区已从工业化初期正式迈入工业化中期。

2014 年万州区城镇居民人均可支配收入 25919 元，增长 11.3%；农村居民人均可支配收入 9562 元，增长 13.6%。近城区的平均乡镇生产总值为 102905.76 万元，中间区的平均乡镇生产总值为 48244.48 万元，远城区的平均乡镇生产总值为 27239.04 万元，随着距建成区距离的增加，生产总值逐步降低；近城区的乡镇农村人均纯收入为 9984 元，中间区的乡镇农村人均纯收入为 8356 元，远城区的乡镇农村人均纯收入为 8015 元，随着距建成区距离的增加，农村人均纯收入也随之降低。

4. 社会城镇化

万州区社会城镇化发展同步推进，医疗、教育等社会保障体系逐步完善。2000—2014 年万州区卫生机构个数从 317 个增加至 796 个，卫生机构床位数由 3278 张增至 10115 张。社会教育也在逐步发展，万州区普通中学在校生人数从 2000 年的 4.3 万人增加至 2014 年的 9.6 万人，增幅达到 123.26%；而小学在校生人数从 2000 年的 13.4 万人降至 2014 年的 8.3 万人，降幅达到 38.06%。万州区交通建设发展迅速，2005 年全区公路通车里程为 1745 km，其中等级公路里程 1605 km，高速公路里程 47 km；2010 年全区公路通车里程为 5243 km，其中等级公路里程 3208 km；2014 年全区公路通车里程为 5865 km，其中等级公路里程 4078 km。

5. 小 结

（1）城镇化发展的协调性

万州区的土地城镇化发展快于人口城镇化的发展。在经济高速发展和快速城镇化的双重推动下，万州建成区迅速向外扩张，占用了大量的土地资源。2000 年万州全区建设用地面积为 31.66 km^2，建成区面积为 13.77 km^2；2015 年建设用地面积上升为 176.11 km^2，建成区面积上升为 69.15 km^2。16 年间建设用地增加 456.3%，建成区扩张了 402.2%。与此同时，农村劳动力转移速度较为缓慢。2000—2015 年，城镇人口从 56.7 万人增长到 98.4 万人，增幅为 73.54%，城镇化率则从 36.3% 增加至 62.36%，增幅为 71.79%。土地的扩张速率远远高于城镇人口增长速率。

经济城镇化与人口城镇化也不协调。2000—2014 年，万州区工业化率共增长 14.2 个百分点，而城镇化率增长近 24.6 个百分点。城镇化率总体呈平稳发展的趋势，工业化发展则起伏较大。2000—2005 年，万州区工业化率维持在 36.6% 的水平，此期间城镇化率增长快于工业化率；2005—2011 年工业化率从 36.6% 增加至 56.4%，此期间工业化率增长高于城镇化率，2011 年之后则有所回落，2014 年时降至 50.8%，此期间城镇化率增长又高于工业化率。

（2）城镇化发展水平对比

目前，学者普遍认为三峡库区城镇化总体水平较为落后，发展速度较慢，且各地区城镇化发展极不平衡（马智利 等，2007；梁振民，2010）。2014年三峡库区平均城镇化率达63%（牟文琴 等，2015）。三峡库区的城镇化率主要是受库尾（即重庆市主城区）的拉动，该区域各区县的城镇化率均在95%以上，而其余地区的平均城镇化率均低于40%（牟文琴 等，2015）。万州区作为重庆第二大辖区、渝东北经济区的增长极、成渝城市群次级中心辖区，其城镇化率略低于三峡库区的平均水平，但远高于除库尾之外的其他区域。

万州区的第二、第三产业比重与三峡库区平均水平相当。2007年以后，三峡库区第二、第三产业比重平均维持在90%以上，其中重庆市主城区所在的库尾地区平均在95%以上，库首地区平均在80%～85%，万州区所处的库腹地区在85%～90%。万州区第二、第三产业比重低于库尾地区，但明显高于除库尾之外的其他区域。

二、劳动力转移

本次调查中的69个村庄共计包含人口136760人，约占万州区总人口的7.8%。调查到的对象包含男性69297人，占调查人口的50.67%；女性67463人，占49.33%，性别比例接近万州全区男女比例。此外，调查到的对象包括15岁以下儿童23810人，占17.41%；15～60岁的共85776人，占62.72%；60岁以上老人27174人，占19.87%。除了未上学儿童外，调查涉及具有大专及大专以上学历的人数共5090人，占3.72%；具有高中或高职学历的14553人，占10.64%；具有初中学历的83488人，占61.05%；具有小学学历的18106人，占13.24%；其他4775人，占3.49%。有65920人在一年之中的较大部分时间在外进行务工等行为活动，占总调查人口的48.20%。各村转移劳动力占村总人口的比例不同，转移比例最大的村庄是龙驹镇的宏福村，有61.1%的人数发生转移，转移比例最小的村庄是李河镇的十字村，有42.1%的人数发生转移，二者比例相差19个百分点。常年转移至省外、重庆市其他区县、万州主城区、万州其他乡镇和本地乡镇的比例分别占总人数的24.92%、5.72%、10.05%、0.94%和6.56%。外省市和万州主城区是劳动力最主要的转移地点。转移至外省市的主要去向为广东、福建、浙江、上海、北京等远离万州的经济发达地区，转移至重庆其他区域的主要是去往重庆市的主城九区。甘联君（2008）对三峡库区各区县人口转移进行统计，认为库区各区县人口迁移主要是以本地区县内部迁移（受区县建成区吸引），以及向库区以外地区迁移（受外地城市吸引）为主。

1. 近城区劳动力转移

本次研究调查了近城区长岭镇、新田镇、高梁镇、天城街道的22个村庄，共计52726人。其中，有26870人在一年之中的较大部分时间在外进行务工等行为活动，占调查总人口的50.96%。常年转移至省外、重庆其他区县、万州主城区、万州其他乡镇和本地乡镇的比例分别占总人数的24.44%、3.12%、14.16%、0.96%和8.29%。

2. 中间区劳动力转移

本次研究调查了中间区长滩镇、龙驹镇、溪口乡、燕山乡、李河镇、分水镇和熊家镇的27个村庄，共计49432人。其中，有24251人在一年之中的较大部分时间在外进行务工等行为活动，占调查总人口的49.06%。常年转移至省外、重庆其他区县、万州主城区、万州其他乡镇和本地乡镇的比例分别占总人数的 31.33%、3.19%、6.11%、0.88% 和 7.56%。

3. 远城区劳动力转移

本次研究调查了远城区普子乡、长坪乡、铁峰乡、后山镇和余家镇的 20 个村庄，共计 34602 人。其中，有 15502 人在一年之中的较大部分时间在外进行务工等行为活动，占调查总人口的 44.80%。常年转移至省外、重庆其他区县、万州主城区、万州其他乡镇和本地乡镇的比例分别占总人数的 23.06%、8.46%、7.95%、0.71% 和 4.62%。

4. 小结

万州不同区域的劳动力转移比例有显著的不同。劳动力转移比例在近城区最高，平均为 50.96%，在远城区比例最低，平均为 44.80%，中间区平均转移比例为 49.06%；不同区域劳动力转移的主要目的地也有所不同（见图 3-3）。在近城区，平均有 14.16% 的劳动力转移至万州建成区，远高于中间区的 6.11% 和远城区的 7.95%；中间区平均有 31.33% 的劳动力转移至外省，远高于近城区的 24.44% 和远城区的 23.06%。在乡镇尺度，随着与人口聚集中心（万州建成区）距离的增加，劳动力转移的比例随之降低，转移至重庆和外省的劳动力比例呈先升后降的趋势，即与人口聚集中心中等距离的区域转移至重庆和外省的比例最高。

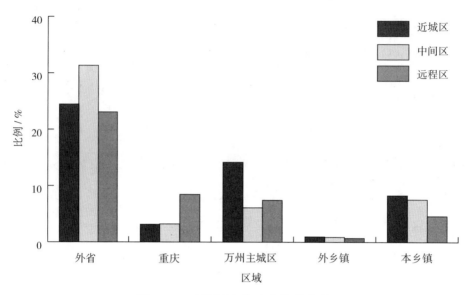

图 3-3　不同区域劳动力转移比例

第四章　城镇化的土地利用变化

一、全区土地利用变化

使用 2000 年、2005 年、2010 年和 2015 年这 4 个年份的万州区土地利用分布图（空间分辨率 30 m）用以研究万州全区的土地分布格局及变化情况。按土地利用一级分类标准将土地利用类型分为 6 类，分别是林地、草地、水域、耕地、建设用地和裸地。

万州区土地利用以林地和耕地为主。2015 年全区林地面积为 2127.57 km^2，占总面积的 61.55%；耕地面积为 863.45 km^2，占总面积的 24.98%；建设用地面积为 188.37 km^2，占总面积的 5.45%（见图 4-1）。

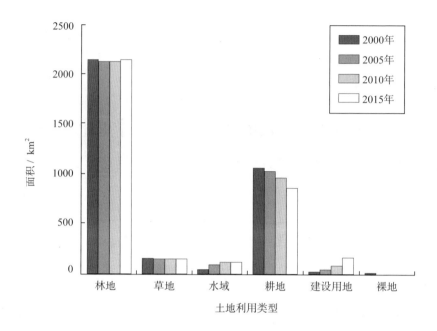

图 4-1 2000—2015 年部分年份万州区土地利用变化情况

（资料来源：笔者根据卫星遥感影像解译得出）

2000—2015 年三峡水库经历了多次蓄水致使水位上升，其中 2003 年水位上升至 135 m，2006 年升至 156 m，2008 年升至 172 m。水位的上涨淹没了原有的土地利用类型，水域面积从 2000 年的 52.68 km² 增加至 2015 年的 124.02 km²，增加 135.42%。其中，万州区内 2000 年长江主河道面积为 34.72 km²，2015 年为 108.86 km²，增加 74.14 km²。

2000—2015 年，万州区受城镇化影响变化最大的土地利用类型是耕地和建设用地。耕地从 1065.67 km² 减少至 863.45 km²，减少 18.98%；建设用地从 31.47 km² 增加至 188.37 km²，增幅 498.57%。随着城镇化发展的加速，城市在不断扩张的过程中侵占大量耕地。2000—2015 年有 100.61 km² 的耕地转变为建设用地，占 2000 年耕地总数的 9.44%。同时随着退耕还林政策的实施，有 88.06km² 的耕地转变为林地，占 2000 年耕地总数的 8.26%（见表 4-1）。

表 4-1　万州区 2000 年、2015 年土地利用转移矩阵　　单位：km²

项目		2000 年土地利用类型						
		林地	草地	水域	耕地	建设用地	裸地	总计
2015 年土地利用类型	林地	2031.91	3.45	2.56	88.06	1.01	0.57	2127.57
	草地	1.14	149.87	0.01	1.87	0.02	0.00	152.91
	水域	41.11	5.70	47.40	19.61	1.62	7.65	123.09
	耕地	7.05	0.72	0.06	855.52	0.04	0.06	863.45
	建设用地	55.33	1.33	2.25	100.61	28.78	0.07	188.37
	裸地	0.02	0.00	0.00	0.00	0.00	1.00	1.02
	总计	2136.56	161.08	52.28	1065.67	31.47	9.35	3456.41

资料来源：笔者根据卫星遥感影像解译得出。

1. 近城区土地利用变化

近城区主要土地利用类型为林地和耕地。2015 年林地面积为 302.03 km²，占近城区总面积的 60.08%；耕地面积为 122.61 km²，占 24.39%。近城区的建设用地在各区间比例最高，2015 年近城区建设用地面积为 32.06 km²，占 6.38%。2000—2015 年近城区受城镇化影响变化最为明显的是耕地和建设用地，16 年间耕地比例从 30.16% 降至 24.39%，建设用地从 0.71% 升至 6.38%。而受三峡库区水位上升的影响，近城区水域比例从 1.56% 升至 3.35%（见表 4-2）。

表 4-2　2000 年、2005 年、2010 年、2015 年近城区土地利用情况　　单位：km²

年份	林地	草地	水域	耕地	建设用地	裸地
2000 年	309.03	30.44	7.85	151.65	3.57	0.20
2005 年	306.87	29.86	14.78	145.75	5.33	0.15
2010 年	303.10	29.67	17.19	136.80	15.98	0.00
2015 年	302.03	29.19	16.85	122.61	32.06	0.00

近城区在 2000—2015 年，有 17.73 km² 的耕地直接转变为建设用地，占 2000 年耕地面积的 11.69%；建设用地增长显著，16 年间共增加 28.49 km²，增幅 697.21%（见表 4-3）。

表 4-3　万州区 2000 年、2015 年近城区土地利用转移矩阵　　单位：km²

项目		2000 年土地利用类型						总计
		林地	草地	水域	耕地	建设用地	裸地	
2015 年土地利用类型	林地	291.91	0.62	0.27	9.11	0.11	0.01	302.03
	草地	0.22	28.78	0.00	0.19	0.00	0.00	29.19
	水域	5.63	0.67	7.23	3.12	0.02	0.18	16.85
	耕地	0.96	0.14	0.00	121.50	0.01	0.00	122.61
	建设用地	10.31	0.23	0.35	17.73	3.43	0.01	32.06
	裸地	0.00	0.00	0.00	0.00	0.00	0.00	0.00
总计		309.03	30.44	7.85	151.65	3.57	0.20	502.74

2. 中间区土地利用变化

中间区主要土地利用类型为林地和耕地，2015 年林地占中间区总面积的 63.23%，耕地占 25.51%。中间区的建设用地比例低于近城区，2015 年中间区的建设用地比例约占 3.84%。

2000—2015 年中间区变化最为明显的是耕地和建设用地，16 年间耕地比例从 29.87% 降至 25.51%，建设用地则从 0.35% 升至 3.84%。受三峡库区水位上升的影响，中间区水域比例从 1.72% 升至 3.65%（见表 4-4）。

表 4-4　2000 年、2005 年、2010 年、2015 年中间区土地利用情况　　　单位：km^2

年份	林地	草地	水域	耕地	建设用地	裸地
2000 年	811.06	50.58	21.86	379.63	4.46	3.15
2005 年	805.71	49.80	39.26	367.46	7.75	0.76
2010 年	805.84	49.04	46.25	354.49	14.36	0.76
2015 年	803.47	47.45	46.32	324.17	48.78	0.55

中间区在 2000—2015 年，耕地减少明显，16 年间从 379.63 km^2 降至 324.17 km^2，共减少 55.46 km^2，其中有 26.78 km^2 的耕地转变为建设用地，占 2000 年中间区耕地面积的 7.05%；建设用地增长显著，从 4.46 km^2 增长至 48.78 km^2，16 年间共增加 44.32 km^2，增幅 993.72%（见表 4-5）。

表 4-5　万州区 2000 年、2015 年中间区土地利用转移矩阵　　单位：km²

项目		2000 年土地利用类型						
		林地	草地	水域	耕地	建设用地	裸地	总计
2015 年土地利用类型	林地	775.40	1.57	1.07	25.19	0.10	0.14	803.47
	草地	0.42	46.36	0.01	0.66	0.00	0.00	47.45
	水域	15.92	2.03	19.98	5.81	0.11	2.47	46.32
	耕地	2.70	0.23	0.03	321.19	0.01	0.01	324.17
	建设用地	16.60	0.39	0.77	26.78	4.24	0.00	48.78
	裸地	0.02	0.00	0.00	0.00	0.00	0.53	0.55
	总计	811.06	50.58	21.86	379.63	4.46	3.15	1270.74

3. 远城区土地利用变化

远城区主要土地利用类型为林地和耕地，2015 年林地占远城区总面积的 64.03%，耕地占 25.76%。远城区的建设用地比例在所有区域中最低，2015 年远城区建设用地比例约占区域总面积的 3.11%。

2000—2015 年远城区变化最为明显的是耕地和建设用地，16 年间耕地比例从 30.78% 降至 25.76%，建设用地则从 0.34% 升至 3.11%。受三峡库区水位上升的影响，远城区水域比例从 0.79% 升至 2.52%（见表 4-6）。

表 4-6　2000 年、2005 年、2010 年、2015 年远城区土地利用情况　　单位：km²

年份	林地	草地	水域	耕地	建设用地	裸地
2000 年	943.77	70.15	11.84	460.10	5.11	4.01
2005 年	941.23	69.81	28.40	446.55	8.38	0.60
2010 年	942.88	68.32	36.78	432.49	13.90	0.60
2015 年	957.21	67.91	37.62	385.09	46.49	0.66

远城区在 2000—2015 年，耕地减少明显，16 年间从 460.10 km² 降至 385.09 km²，共减少 75.01 km²，其中有 27.26 km² 的耕地转变为建设用地（见表 4-7），占 2000 年远城区耕地面积的 5.92%；建设用地增长显著，从 5.11 km² 增长至 46.49 km²，15 年间共增加 41.38 km²，增幅 809.78%。

表 4-7　万州区 2000 年、2015 年远城区土地利用转移矩阵　　单位：km²

项目		2000 年土地利用类型						
		林地	草地	水域	耕地	建设用地	裸地	总计
2015 年土地利用类型	林地	911.55	1.05	1.02	43.11	0.05	0.42	957.21
	草地	0.44	66.54	0.00	0.93	0.00	0.00	67.91
	水域	14.69	2.12	10.47	7.29	0.04	3.02	37.62
	耕地	3.18	0.31	0.02	381.51	0.02	0.05	385.09
	建设用地	13.89	0.13	0.16	27.26	4.99	0.06	46.49
	裸地	0.01	0.00	0.18	0.00	0.01	0.46	0.66
	总计	943.77	70.15	11.84	460.10	5.11	4.01	1494.98

4. 小结

2000—2015 年，除三峡水库因蓄水使水域面积增加之外，最为主要的土地利用变化类型是耕地和林地转变为建设用地。在万州的不同区域，发生转变的强度也有所不同。总体而言，变化强度表现为近城区＞中间区＞远城区（见图 4-2）。近城区耕地减少面积占近城区面积的 5.78%，大于中间区的 4.36% 和远城区的 5.02%；近城区建设用地增加面积占近城区面积的 5.67%，明显高于中间区的 3.49% 和远城区的 2.11%；林地在近城区和中间区有所减少，在远城区则略有增加。

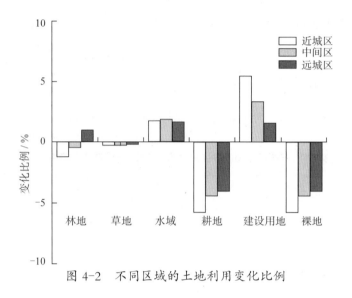

图 4-2 不同区域的土地利用变化比例

二、农村土地利用变化

1. 农村土地利用格局

本书在万州区选择 20 个典型小流域，为方便研究使用了无人机进行低空航拍，用以分析农村土地利用分布格局。20 个小流域涵盖面积共 27.96 km²，约占万州全区面积的 0.81%。近城区包括陈家沟小流域和万河小流域，面积共 11.40 km²，占小流域总面积的 40.77%；中间区包括 9 个小流域，面积共 9.52 km²，占小流域总面积的 34.05%；远城区包括 9 个小流域，面积共 7.04 km²，占小流域总面积的 25.18%。

20 个小流域的高程几乎覆盖了万州所包含的所有海拔。海拔最低的小流域是位于长江江边的长坪乡金福 II 小流域，其海拔最低点即长江江面；海拔最高的小流域是位于万州东南角七曜山的七曜小流域，海拔最高点达 1371.9 m（见表 4-8）。

表 4-8 典型小流域基本信息

区域	流域名称	面积 /km²	所在乡镇	所在村庄	平均海拔 /m	最高海拔 /m	最低海拔 /m
近城区	陈家沟	10.18	长岭	长岭岗、乔家、立苇、鹿池	502.0	823.2	235.2
	万河	1.22	天城	万河	465.1	649.6	375.3
中间区	东峡 I	0.37	燕山	东峡	481.4	548.1	400.8
	东峡 II	0.28	燕山	东峡	604.9	685.3	539.9
	泉水	0.93	燕山	泉水	280.7	463.3	167.3
	沙滩	1.60	沙滩	沙滩	324.5	536.6	174.9
	花石	1.15	沙滩	花石	363.1	588.5	183.6
	太白溪	3.45	沙滩	太白溪、茶坪	416.6	715.6	249.5
	新石	0.33	分水	新石	603.6	714.7	518.3
	石碾	0.39	分水	石碾	623.0	736.4	533.8
	石公	1.02	熊家	石公	409.2	526.2	320.1
远城区	普子	1.04	普子	普子	527.8	700.1	433.3
	虎头	0.81	普子	虎头	760.8	999.2	469.9
	七曜	0.24	普子	七曜	1308.0	1371.9	1242.3
	金福 I	1.38	长坪	金福	238.7	293.1	219.2
	金福 II	0.54	长坪	金福	234.6	379.6	160.0
	箭楼	1.55	铁峰	箭楼	774.2	887.2	617.2
	太平	1.05	铁峰	太平	668.5	798.4	606.5
	铁炉	0.21	余家	铁炉	421.7	462.3	389.6
	余家	0.22	余家	余家	344.9	431.4	290.5

通过对 20 个小流域土地利用解译结果进行统计，林地、耕地和撂荒地是主要的土地利用类型，耕地和林地所占比例平均为 32.51% 和 41.45%，撂荒地所占比例为 15.05%（见表 4-9）。

表 4-9 农村土地利用类型及其占比

农村土地利用类型	占比
道路	2.22 %
耕地	32.51%
果园	1.97%
撂荒地	15.05%
居民点与建设用地	5.13 %
林地	41.45%
裸地	0.90 %
水域	2.04%

2. 农村土地利用方式与利用强度

前文分析结果表明，由于不同区域受城镇化的影响程度不同，农村劳动力数量和转移去向表现出明显的空间差异性。一方面，直接导致了耕地撂荒的空间格局表现出一定的规律性；另一方面，可能促使不同区域的农地利用方式和利用强度表现出相似的规律性。本部分运用251个农户调查数据，分析不同区域农地利用方式和利用强度的差异，以及二者与农村劳动力转移之间的相互关系。

（1）土地利用方式

①作物类型

经典农户理论认为，农户作为非完全理性的"经纪人"，其生产决策行为通常是追求多目标综合效用（如利润、风险规避和劳役规避等）的最大化（翁贞林，2008）。农户选择以农为主或者非农为主的生计方式，通常取决于农户的家庭结构特征和获得非农就业的机会，后者与城镇化发展的影响程度具有直接的关联。农户的生计策略不同，其农业生产行为和土地利用方式将表现出明显的差异性（王成 等，2013）。其中，农作物类型的选择不仅是农户行为决策的结果（杨维鸽 等，2010），也是农地利用方式表现出区域差异特征的最直观形式。城镇化的快速发展促使农村劳动力的大规模转移，并且在不同区域呈现出不同的转移规律。相应地，农户对农作物类型的选择也可能表现出特定的空间区域特征。

本书基于不同区域的农户调查数据，分析作物类型选择的空间格局。根据表4-10的统计结果，随着与万州中心城区距离的增加，农户种植水稻的比例呈明显下降的趋势，而种植经济作物的比例呈逐渐增加的趋势。近城区的农户选择种植水稻的比例高达40.44%，表明该区域农户农业生产的主要目的是满足自身基本口粮的需求。随着与中心城区距离的增加，玉米的种植比例呈增加趋势。农户牲畜养殖调查结果也显示，远城区农户的商品化牲畜养殖行为比近城区更普遍，表明远城区农户土地利用方式的决策更加趋于兼顾饲料作物的生产。经济作物的种植比例随着距中心城区距离的增加也表现出明显的增加趋势，表明远城区农户的家庭经济收入对农业生产的依赖性明显大于近城区。上述不同区域农户的作物类型选择规律与前文分析得出的劳动力转移规律表现出较好的一致性，即各区域的农村劳动力转移总量呈现出随与中心城区距离的增加而减少的特征。这表明，城镇化发展引起的农村劳动力转移是导致区域差异性土地利用方式的直接原因。

表 4-10　不同区域的主要作物类型比例

区域	乡镇	行政村	水稻	玉米	红薯	土豆	经济作物*
近城区	新田镇	五溪	51.61%	19.35%	29.03%	0.00%	0.00%
	新田镇	铜马	18.75%	47.50%	31.25%	2.50%	0.00%
	长岭镇	付家	50.56%	28.09%	16.85%	2.25%	2.25%
	长岭镇	乔家	63.12%	26.62%	3.80%	1.90%	4.56%
	长岭镇	鹿池	26.01%	28.90%	36.42%	5.78%	2.89%
	平均		40.44%	30.53%	23.19%	3.27%	2.58%
中间区	燕山乡	东峡	22.73%	28.79%	24.24%	24.24%	0.00%
	燕山乡	泉水	33.33%	36.67%	26.67%	0.00%	3.33%
	燕山乡	长柏	15.00%	29.17%	26.67%	7.50%	21.67%
	长滩镇	沙滩	20.80%	35.43%	29.01%	3.21%	11.55%
	平均		22.61%	34.05%	27.71%	5.17%	10.48%
远城区	长坪乡	金福	0.00%	30.43%	39.13%	30.43%	0.00%
	长坪乡	弹子	33.33%	16.67%	16.67%	16.67%	16.67%
	普子乡	普子	13.09%	56.02%	16.75%	3.66%	10.47%
	普子乡	虎头	23.68%	43.42%	28.95%	2.63%	1.32%
	普子乡	七曜	0.00%	45.02%	21.33%	5.21%	28.44%
	平均		15.45%	44.23%	24.79%	4.53%	10.99%

注：*包含油菜、花生、蚕豆和烤烟。

②作物复种指数

作物复种指数，是指耕地在 1 年内种植作物的次数，是衡量耕地资源集约化利用程度的重要指标（左丽君 等，2009）。本书运用农户调查获取的各村域农户的作物播种面积与正在耕种的耕地面积的比值近似代表该行政村的平均耕地复种指数。

不同区域复种指数并不相同。中间区的平均耕地复种指数最高，为 1.99；远城区次之，为 1.71；近城区最低，为 1.65。这与各区域的农村劳动力转移至重庆市和外省的趋势一致，也与耕地撂荒比例的空间格局保持一致。中间区的农村劳动力大规模转移至外地从事非农活动，其从事半工半农活动的可能性最低，农村留守人员的劳动能力有限，致使耕地大规模撂荒。然而，农村留守老人并未完全丧失劳动能力，主要通过轮作、间作和套种的方式提高仅存的条件相对优越的耕地利用率来维持基本生计，因此出现了高耕地复种指数的现象。

从距乡镇中心距离远近的角度分析，耕地复种指数主要呈现出随着与乡镇中心距离的增大而增大的趋势（见表 4-11）。对村庄尺度的劳动力转移分析结果表明，随着与乡镇中心距离的增大，各村域的农村劳动力转移比例呈下降的趋势，并且从劳动力转移的去向上看，转移至本乡镇和万州主城区的人口比例也呈现出下降的趋势。距离乡镇中心最近的农户，由于从事非农就业的机会更多，其生计策略对农地的依赖程度明显低于距离乡镇中心远的农户，从事半工半农活动的可能性更大，"种地不赚钱""城镇生活优于农村"的思想意识强烈。因此，耕地复种指数呈现出随着与乡镇中心距离增大而增大的趋势。

表 4-11 不同区域的耕地复种指数

区域	乡镇	行政村	复种指数	村庄与乡镇距离
近城区	新田镇	五溪	1.70	近
	新田镇	铜马	1.07	远
	长岭镇	付家	1.03	近
	长岭镇	乔家	2.22	中
	长岭镇	鹿池	2.24	远
	平均		1.65	—
中间区	燕山乡	东峡	1.05	近
	燕山乡	泉水	1.83	中
	燕山乡	长柏	2.76	远
	长滩镇	沙滩	2.31	中
	平均		1.99	—
远城区	长坪乡	金福	1.46	近
	长坪乡	弹子	1.07	远
	普子乡	普子	1.63	近
	普子乡	虎头	1.94	中
	普子乡	七曜	2.47	远
	平均		1.71	—

（2）土地利用强度

农村地区的土地利用强度可用多种耕地投入强度指标予以表征。就农地而言，肥料投入将对生态环境产生直接影响。因此，可以从化肥种类和肥料用量两方面阐明不同区域的土地利用强度差异。本书仅对各区域农户普遍施用的化肥类型予以分析，对极个别地区农户施用的硝酸铵和钾肥等化肥类型未纳入统计。

不同区域农户施用的化肥种类和肥料用量情况详见表4-12。主要肥料类型都被各区域的农户使用过。就肥料用量而言，随着与中心城区距离的增加，化肥用量呈明显的减少趋势，而农家肥用量呈明显增加趋势。近城区农户对复合肥和磷肥的用量（分别为 608.48 kg/hm^2，323.34 kg/hm^2）明显大于其他区域，并且调查发现，该区域的农户在种植玉米的过程中更倾向于一次性施用长效复合肥，当地称之为"懒汉肥"。这主要是由于近城区劳动力大规模转移，农村劳动力严重不足，最终导致农户的省工性投入明显增加。远城区的化肥用量明显降低，农家肥用量显著增加。结合对农村劳动力转移规律的分析结果，由于远城区的农村劳动力转出比例较低，留存农村的劳动力资源相对充足，为节省购买化肥部分的开支，农户更倾向于施用农家肥来代替化肥（见表 4-12）。

表 4-12 不同区域农户施用的化肥种类和肥料用量情况　　单位：kg/hm^2

区域	乡镇	行政村	尿素	碳铵	磷肥	复合肥	化肥合计	农家肥
近城区	新田镇	五溪	166.88	0.00	0.00	756.00	922.88	412.50
	新田镇	铜马	167.33	0.00	14.03	461.78	643.14	392.25
	长岭镇	付家	245.63	526.73	851.85	900.00	2524.21	0.00
	长岭镇	乔家	13.43	170.85	502.88	771.38	1458.54	368.03
	长岭镇	鹿池	92.25	102.38	247.95	153.23	595.81	274.95
	平均		137.10	159.99	323.34	608.48	1228.92	289.55
中间区	燕山乡	东峡	355.65	0.00	204.23	0.00	559.88	492.00
	燕山乡	泉水	42.83	0.00	0.00	610.05	652.88	507.98
	燕山乡	长柏	166.95	0.00	170.48	499.95	837.38	550.80
	长滩镇	沙滩	161.25	705.45	712.65	382.73	1962.08	805.20
	平均		181.67	176.36	271.84	373.18	1003.06	589.00
远城区	长坪乡	金福	63.45	0.00	143.40	300.00	506.85	719.78
	长坪乡	弹子	139.65	0.00	0.00	995.03	1134.68	997.95
	普子乡	普子	201.83	374.55	50.55	495.60	1122.53	937.50
	普子乡	虎头	126.98	80.48	199.28	58.65	465.39	878.40
	普子乡	七曜	160.80	233.55	221.85	249.98	866.18	587.85
	平均		138.54	137.72	123.02	419.85	819.12	824.30

化肥的种类和实际用量可以反映不同区域农户的生产行为差异,但难以反映农户化肥投入行为对农村环境产生的负荷影响。本书通过计算"总氮投入量"指标,反映不同区域因肥料投入而对农村环境产生的差异性影响(见表4-13)。本书采用的各肥料类型的含氮系数如下:尿素0.465、碳铵0.301、磷肥0.122、复合肥0.250、农家肥0.010。

表4-13   不同区域耕地的氮素投入量   单位:kg/hm²

区域	乡镇	行政村	尿素	碳铵	磷肥	复合肥	化肥合计	农家肥
近城区	新田镇	五溪	77.60	0.00	0.00	189.00	266.60	4.13
	新田镇	铜马	77.81	0.00	1.71	115.45	194.97	3.92
	长岭镇	付家	114.22	158.55	103.93	225.00	601.69	0.00
	长岭镇	乔家	6.24	51.43	61.35	192.85	311.87	3.68
	长岭镇	鹿池	42.90	30.82	30.25	38.31	142.27	2.75
	平均		63.75	48.16	39.45	152.12	303.48	2.90
中间区	燕山乡	东峡	165.38	0.00	24.92	0.00	190.29	4.92
	燕山乡	泉水	19.92	0.00	0.00	152.51	172.43	5.08
	燕山乡	长柏	77.63	0.00	20.80	124.99	223.42	5.51
	长滩镇	沙滩	74.98	212.34	86.94	95.68	469.95	8.05
	平均		84.48	53.09	33.16	93.30	264.02	5.89
远城区	长坪乡	金福	29.50	0.00	17.49	75.00	122.00	7.20
	长坪乡	弹子	64.94	0.00	0.00	248.76	313.69	9.98
	普子乡	普子	93.85	112.74	6.17	123.90	336.66	9.38
	普子乡	虎头	59.05	24.22	24.31	14.66	122.24	8.78
	普子乡	七曜	74.77	70.30	27.07	62.50	234.63	5.88
	平均		64.42	41.45	15.01	104.96	225.85	8.24

总体而言,随着与主城区距离的增加,农地的总氮投入量呈明显的下降势,即近城区农地承受的氮负荷大于中间区和远城区。前期在库区经过调查发现,库区农家肥用量普遍较少,且农家肥施用所产生的氮负荷占比极低,氮素的含量一般在0.9% ～ 3.5%。因此,化肥是库区农地氮素的主要来源。近城区农地的总氮投入量主要源自复合肥,近城区通过复合肥投入的氮素占

化肥总投入氮素的 50.13%，中间区主要源自尿素和复合肥，氮素投入分别占总投入的 32.00% 和 35.34%，远城区主要源自复合肥，氮素投入占总投入的 46.48%。

上述从肥料种类、肥料用量两个视角对不同区域的农地投入分析结果表明，土地利用强度与区域劳动力转移呈现出高度相似的空间规律，表明城镇化发展带来的农村劳动力转移直接导致了区域土地利用强度格局发生变化。

3. 撂荒地格局与变化

万州区撂荒现象较为严重。其中，撂荒比例最高的是位于中间区的东峡 I 流域，撂荒比例达 48.27%；撂荒比例最低的是位于远城区的普子流域，撂荒比例为 27.24%。近城区平均撂荒比例为 31.49%，中间区平均撂荒比例为 40.16%，远城区平均撂荒比例为 37.63%。总体而言，撂荒比例呈近城区＜远城区＜中间区。

（1）撂荒地分布格局

①村委会所在地与撂荒地分布

对于一个村庄而言，村委会大多分布在海拔较低的区域，且均通有公路，而村委会周边区域是农户聚集密度较大的区域，随着海拔的升高，其密度逐渐减小。本书以村委会所在点位为中心向外做缓冲区，结果显示离村委会所在区域越远，撂荒地分布越多。

通过调查发现，村委会所在位置大多分布在海拔较低的区域且交通便利，周边区域是农户聚集密度较大的区域，随着与村委会距离的增加，居民点密度逐渐减小。本书以村委会所在点位为中心分别向外做 100 m、200 m、500 m 和 1 km 的缓冲区，对不同缓冲区内的撂荒比例进行分析。

　　本书按照与村委会不同距离对 20 个小流域进行撂荒比例的统计，随着与村委会距离的增加撂荒程度呈增加趋势。在村委会范围 100 m 以内的撂荒比例仅占 3.07%，在 100 ～ 200 m 范围内撂荒比例为 7.98%，在 200 ～ 500 m 范围内撂荒比例为 15.27%，在 500 ～ 1000 m 范围内撂荒比例为 24.06%，在 1 km 范围以外撂荒比例为 37.01%（见表 4-14）。由以上数据可知，村委会 500 m 以外的区域是撂荒地的主要分布区域。

表 4-14　与村委会不同距离的平均撂荒比例

距离 / m	撂荒比例
＜ 100	3.07%
100 ～＜ 200	7.98%
200 ～＜ 500	15.27%
500 ～＜ 1000	24.06%
≥ 1000	37.01%

　　与村委会的距离远近和撂荒率之间的单因素相关分析展现出较强的正相关关系。随着与村委会距离的增加，撂荒比例呈指数增加，$R^2 = 0.9076$，达到高度相关程度。

　　②居民点与撂荒地分布

　　将每个小流域的居民点向外分别做 50 m、100 m、200 m 和 200 m 以上的缓冲区，求得与居民点不同距离区域的撂荒地所占比例。随着与居民点距离的增加，撂荒地的比例也随之增加（见表 4-15）。

表 4-15　不同居民点缓冲区撂荒地占耕地比例

距离 /m	撂荒比例
< 50	22.34%
50 ~ 100	28.08%
100 ~ 200	32.27%
≥ 200	48.06%

③道路与撂荒地分布

将每个小流域的道路向外分别做 50 m、100 m、200 m 和 200 m 以上的缓冲区，求得与道路不同距离区域的撂荒地所占比例。随着与道路距离的增加，撂荒地的比例也随之增加（见表 4-16）。

表 4-16　不同道路缓冲区撂荒地占耕地比例

距离 /m	撂荒比例
< 50	22.02%
50 ~ 100	26.35%
100 ~ 200	37.27%
≥ 200	47.47%

（2）耕地撂荒影响因素

由于我国西部地区农村内部和本地乡镇对农村劳动力的吸引程度十分有限（张建强，2007），劳动力以外地转移为主（甘联君，2008；韩景愈，2008），并形成以常年性转移为主、季节性转移为辅的转移方式（张建强，2007），这不同于中东部发达地区农村劳动力以就地转移为主的模式（高亚明，2004）。因此，劳动力转移的去向很大程度上影响了劳动力是否会回到原处进行农事活动。如果就近转移至本乡镇从事非农活动，这些劳动力很有可能是既从事农业活动又从事非农活动的兼业户，他们的自有耕地则不被撂荒；

如果劳动力转移至万州城区或者万州其他乡镇处，则这些劳动力极有可能在农忙时节回到原处帮助进行农事活动，因此自家耕地也不容易被撂荒；而转移至万州以外地区（尤其是远离三峡库区的省份）的劳动力由于离家较远，一年只能回家一次，难以回到原处从事农业活动，因此这部分劳动力所拥有的耕地最容易被撂荒。

随着农业种植成本的不断提高，为了应对相应的利润减损，农民会采取规模化、集约化的耕地经营方式，使用机械代替劳动力，或种植生产率较高的作物，达到劳动生产率最大化的目的。但在以梯田和坡地为主的山区，由于地形条件的限制，无法进行大规模机械化操作。这些地也较容易被"边际化"。而耕地撂荒发生的必要条件之一正是耕地的"边际化"（李升发 等，2016），但如果有另外一种土地利用类型的地租上升，耕地就会被这种土地利用取代，而并非一定会造成撂荒（刘成武 等，2005）。万州区存在大量使用耕地种植果树等其他经济作物的现象，而这些耕地大多经过了流转。当耕地转变为果园之后，其耕作方式和耕作强度发生变化，管理模式也随之改变。果园的承包者通过对果园进行集中管理，降低了单位面积农用地对劳动力的需求量。耕地的流转在一定程度上减少了耕地撂荒的可能性（张英 等，2014；邵景安 等，2015）。

在村干部问卷的基础上，本书将三峡库区目前的耕地类型分为自耕地和非自耕地。自耕地即农民耕种属于自己的土地，非自耕地包括已经丧失耕地功能的撂荒地、退耕还林地和并非由耕地所有者进行耕作的流转地。因此，将季节性撂荒地和永久性撂荒地均定义为"撂荒地"，并通过撂荒比例、人均撂荒面积、非自耕地比例、人均非自耕地面积等指标来表征区域撂荒的程度，即

$$A_{\text{撂荒}} = \frac{S_{\text{撂荒}}}{a} \qquad\qquad (4-1)$$

$$P_{\text{撂荒}} = \frac{S_{\text{撂荒}}}{S_{\text{耕}}} \qquad\qquad (4-2)$$

$$A_{\text{非自耕}} = \frac{S_{\text{非自耕}}}{a} \qquad\qquad (4-3)$$

$$P_{\text{非自耕}} = \frac{S_{\text{非自耕}}}{S_{\text{耕}}} \qquad\qquad (4-4)$$

式中:

$S_{\text{耕}}$——区域耕地总面积;

$S_{\text{撂荒}}$——区域撂荒地面积;

$S_{\text{非自耕}}$——区域非自耕地面积;

$A_{\text{撂荒}}$——区域人均撂荒地面积;

$A_{\text{非自耕}}$——区域人均非自耕地面积;

$P_{\text{撂荒}}$——区域撂荒比例;

$P_{\text{非自耕}}$——区域非自耕地比例;

a——区域人口总数。

所使用数据均来自各村干部问卷的调查结果。

①劳动力转移与撂荒

劳动力的缺失被认为是撂荒最直接的原因（李升发　等，2016）。随着城镇对农村劳动力吸引程度的加剧，大量青壮年劳动力外出转移，以获得远远高于农业生产所获得的经济利益。当一定数量的农村劳动力发生转移后，农民必须提高劳动生产率才能维持现有耕地的经营，否则农户会无法顾及所有土地，继而出现撂荒（Strijker，2005）。机械替代是最有效的方式，但山区耕地受地形起伏的影响，多以梯田和坡地的形式存在，地块往往较为破碎，不利于大规模机械化操作。但当劳动力发生转移之后，并不是所有耕地全部被撂荒，留守的妇女、儿童及老年人会参与耕种（田玉军 等，2010）。笔者在进行农户调查的过程中发现，部分就近转移的劳动力还会在农忙之时回到原处进行农业生产活动，而转移至较远地区的劳动力则难以回家务农。

虽然劳动力的析出对撂荒会造成较大的影响已经是目前研究的共识，但目前的研究主要集中于劳动力转移数量、性别比例变化、年龄结构变化、教育程度改变等方面（Romero-Calcerrada et al.，2004；Khanal et al.，2006；田玉军 等，2010；朱璠，2012），对劳动力转移的去向和撂荒之间关系的研究并不多见。在乡镇尺度和村庄尺度，随着与人口聚集中心距离的增加，劳动力转移的比例随之降低，但转移至外省和重庆的劳动力比例呈先升后降的趋势，即与人口聚集中心中等距离的区域转移至重庆和外省的比例最高。

本书将不同劳动力转移的去向进行分类，分为转移至本乡镇、转移至本乡镇以外的万州区域和转移至万州以外区域，并且将其比例与撂荒程度进行 Pearson 相关性检验，劳动力转移的去向和撂荒状况显示出较好的相关性（见表 4-17）。非自耕地比例与转移至本乡镇的劳动力比例和转移至万州区以外的劳动力比例在 1% 水平上均呈显著相关性，人均非自耕地面积与转移至万州区内的比例和转移至万州区外的比例在 1% 的水平上均呈显著相关性。

表 4-17 劳动力转移与撂荒的 Pearson 相关性检验

检验内容	劳动力转移的比例	转移在本乡镇的比例	转移在本乡镇外、万州区内的比例	转移至万州以外区域的比例
撂荒比例	-0.094	-0.596**	-0.449*	0.497*
非自耕地比例	0.167	-0.614**	-0.466*	0.670**
人均撂荒面积	-0.166	-0.543*	-0.214	0.379
人均非自耕地面积	-0.214	-0.692*	-0.691**	0.771**

注：** 为在 1% 水平（双侧）显著相关，* 为在 5% 水平（双侧）显著相关。

因此，劳动力转移的去向对耕地的撂荒具有较大的影响，当劳动力大量转移至较远的区域，当地的撂荒风险就会增大，而劳动力就近转移可以降低撂荒的风险。

②土地流转与撂荒

耕地的流转在一定程度上减少了耕地撂荒的可能性（张英 等，2014；邵景安 等，2015）。调查的 69 个村庄共有 12253.7 hm² 耕地，发生流转的耕地面积为 1530 hm²，占耕地总数的 12.49%，其中耕地绝大多数流转为果树或药材等种植园地。现将村庄耕地流转的比例和村庄撂荒的比例进行 Pearson 相关性检验（表 4-18），村庄耕地流转的比例分别与该村撂荒的比例和人均撂荒地的面积在 1% 水平呈显著相关性，土地流转率较高的村庄的撂荒比例相对较低，耕地的流转很大程度上避免了撂荒的发生。

表 4-18 耕地流转与撂荒的 Pearson 相关性检验

检验内容	撂荒比例	非自耕地比例	人均撂荒地面积
流转比例	-0.921**	0.257	0.672**

注：** 为在 1% 水平（双侧）显著相关，* 为在 5% 水平（双侧）显著相关。

在进行农户访谈时，有部分农户将自己的耕地进行流转之后，可以受雇于果园的拥有者，每年固定的时间在果园内进行农事活动，其余时间仍可外出务工，但地点多在离家较近的区域，即这部分劳动力的转移方式受到了耕地流转的影响。

4. 小结

本书根据土地利用格局、利用方式和利用强度及撂荒地格局的变化来分析万州农村地区的土地利用变化状况。在农村区域，林地和耕地是最主要的土地利用类型，而耕地变为撂荒地是农村地区重要的土地变化类型。通过对20个典型小流域的土地利用调查，结果显示平均撂荒比例达 30.38%，撂荒现象较为严重。

城镇化发展引起的农村劳动力转移是导致土地利用方式区域差异性的直接原因。通过分析不同区域的农作物种类和复种指数，随着距万州中心城区距离的增加，水稻种植的比例明显降低，经济作物的种植比例则逐渐增加，相比于近城区，远城区农户的家庭经济收入对农业生产的依赖性十分明显；农作物的复种指数表现为中间区最高、远城区次之、近城区最低的变化趋势，该结果与各区域的农村劳动力转移至重庆市和外省的趋势一致，也与耕地撂荒比例的空间格局保持一致。中间区的农村劳动力大规模转移至外地从事非农活动，其从事半工半农活动的可能性最低，农村留守人员的劳动能力有限，致使耕地大规模撂荒，但通过轮作、间作和套种等耕作方式可以提高耕地利用率，因此出现了高耕地复种指数的现象。

在乡镇尺度，撂荒比例呈现近城区＜中间区＜远城区的趋势，在流域尺度，撂荒地空间分布格局与村委会（人口聚集中心）、道路、居民点的距离有显著的相关性。与村委会的距离远近同摭荒率之间有较强的正相关关系,随着与村委会距离的增加,摭荒比例呈指数增加,R^2= 0.9076,达到高度相关程度,距村委会 500 m 以外的区域是摭荒地的主要分布区域;随着与道路和居民点距离的增加,摭荒比例也相应增加。

通过引入人均摭荒面积、非自耕地比例、人均非自耕地面积等指标,本书发现非自耕地比例与转移至本乡镇的劳动力比例和转移至万州区以外的劳动力比例在 1% 水平上均呈显著相关性,人均非自耕地面积与转移至万州区内的比例和转移至万州区外的比例在 1% 水平上均呈显著相关性。农村劳动力转移的去向对耕地的摭荒具有较大的影响,当劳动力大量转移至重庆和外省等较远区域时,当地的摭荒风险就会增大,而劳动力就近转移可以降低摭荒的风险;除了劳动力转移之外,土地的流转同样缓解了区域摭荒的程度,村庄耕地流转的比例分别与该村摭荒的比例和人均摭荒地的面积在 1% 水平上呈显著相关性,土地流转率较高的村庄的摭荒比例相对较低,耕地的流转很大程度上可以避免摭荒的发生或减轻摭荒的程度。

第五章　城镇化的生态效应

一、景观格局

快速的城镇化发展使区域景观格局发生极大的改变，土地的破碎程度也发生相应的改变。土地的破碎化影响区域土地资源的利用效率，并对区域生态系统产生一定的影响。本书通过研究城镇化过程中不同区域及农村景观格局的变化，分析城镇化对区域景观格局的影响。

1. 景观格局的评价方法

本书使用斑块数（NP）、斑块平均面积（MPS）、边界密度（ED）、斑块密度（PD）、景观形状指数（LSI）等景观格局指数对万州区不同景观类型斑块大小、形状、分布等景观特征进行定量描述。

（1）斑块数

斑块数（NP）代表景观中某一类型斑块的总个数，单位为个。NP 可以用来反映景观的空间格局，经常被用来描述整个景观的异质性，其值的大小与景观的破碎度有很好的正相关性。一般规律是 NP 越大，破碎度越高；NP 越小，破碎度越低。

（2）斑块平均面积

斑块面积是最基本的空间特征，如果耕地地块面积减小，则意味着农业机械费用和劳动力成本的增加。斑块平均面积（MPS）可用来表示细碎化程度，即

$$MPS = \frac{A}{n} \qquad (5-1)$$

式中：

A——区域内某一种土地利用类型的总面积；

n——区域内该土地利用类型的地块总数。

MPS 可以代表一种景观类型的平均状况，在景观结构分析中反映两方面的意义：一方面，MPS 值的分布区间对图像或地图的范围，以及对景观中最小拼块粒径的选取有制约作用；另一方面，MPS 可以指征景观的破碎程度。MPS 数值的变化能反馈更丰富的景观生态信息，它是反映景观异质性的重要参数。

（3）边界密度

边界密度（ED）是用来分析地块形状的重要指标，表示土地类型被分隔的程度，同样也是反映细碎化程度的重要指标之一。边界密度越大，表示某用地类型被分割程度越高，布局越分散。如

$$ED = \frac{E}{A} \qquad (5-2)$$

式中：

E——区域内某一种土地利用类型的地块总周长；

A——区域内该土地利用类型的总面积。

（4）斑块密度

斑块密度（PD）是某用地类型在单位面积上的地块数量。这一指标可衡量该土地类型的破碎化程度，其值越大，破碎度越高。如

$$PD = \frac{n}{A} \qquad (5\text{-}3)$$

式中：

n——区域内某一种土地利用类型的地块数；

A—— 代表该土地利用类型的总面积。

斑块密度越大，在一定程度上可以说明景观破碎化程度越大。根据这一指数，可以比较研究区内不同类型景观的破碎化程度，从而识别不同景观类型受干扰的程度。

（5）景观形状指数

景观形状指数（LSI）是一个表征景观类型斑块形状复杂程度和与其他景观类型斑块嵌合分布程度的景观指标。LSI 数值越大，景观类型的斑块形状越复杂；斑块与其他类型斑块混合分布程度越高；相反，LSI 数值越小，景观类型的斑块形状越简单，与其他类型斑块嵌合分布程度越低。如

$$LSI = \frac{0.25E}{\sqrt{A}} \qquad (5\text{-}4)$$

式中：

E——区域内某一种土地利用类型的地块总周长；

A——代表该土地利用类型的总面积。

2. 区域景观格局空间差异

（1）全区景观格局变化

2000—2015 年，万州区景观斑块数呈增加趋势，区域破碎程度加剧（见

表 5-1），2000 年斑块总个数为 17427，2015 年总个数为 18427，增加 5.74%，斑块平均面积呈减少趋势，景观总体向着破碎化的方向发展。各景观类型的变化趋势也有所不同，其中，林地与其他地类的斑块个数显著减少，草地的斑块数略微减少，水域、建设用地和耕地的斑块数显著增加。

表 5-1　2000 年、2005 年、2010 年、2015 年万州区各景观类型的景观指数

指数	年份	土地类型					
		林地	草地	水域	耕地	建设用地	裸地
NP /个	2000 年	3592	5160	432	7701	404	138
	2005 年	3489	5091	661	7850	505	92
	2010 年	3303	5056	615	8037	555	86
	2015 年	3213	5016	679	8783	664	72
MPS /hm^2	2000 年	0.97	0.67	8.05	0.45	5.60	25.19
	2005 年	1.00	0.68	5.26	0.44	6.88	37.78
	2010 年	1.05	0.69	5.65	0.43	6.26	40.42
	2015 年	1.13	0.69	5.13	0.40	6.63	48.36
ED /m·hm^{-2}	2000 年	66.64	15.05	2.45	63.57	2.30	0.59
	2005 年	65.06	14.74	3.99	61.93	3.14	0.23
	2010 年	64.13	14.53	4.01	60.19	3.92	0.18
	2015 年	63.19	14.28	3.88	58.32	4.24	0.14
PD /个·hm^{-2}	2000 年	1.03	1.48	0.12	2.22	0.12	0.04
	2005 年	1.00	1.46	0.19	2.26	0.15	0.03
	2010 年	0.95	1.45	0.18	2.31	0.16	0.02
	2015 年	1.08	1.45	0.20	2.38	0.18	0.02
LSI	2000 年	126.74	103.10	29.46	169.49	35.38	17.70
	2005 年	124.18	101.83	34.56	168.60	39.23	12.70
	2010 年	122.59	101.25	31.46	168.49	35.64	13.41
	2015 年	120.63	100.50	30.78	168.46	36.43	12.04

资料来源：笔者根据卫星遥感影像解译得出。

林地、草地、建设用地和其他地类的平均斑块面积呈增长趋势。其中，林地、建设用地和其他地类的平均斑块面积增长显著。林地从 0.97 hm² 增加至 1.13 hm²，增加 16.49%；建设用地从 5.60 hm² 增加至 6.63 hm²，增加 18.39%；裸地从 25.19 hm² 增加至 48.36 hm²，增加 91.98%。而水域和耕地的平均斑块面积呈持续减小的趋势，其中耕地的平均斑块面积从 0.45 hm² 减少至 0.40 hm²，降低 11.11%。

万州区水域和建设用地的边界密度呈上升趋势，林地、草地、耕地和裸地的边界密度均呈下降趋势。这说明万州区水域、建设用地的布局区域分散，而林地、草地、耕地和裸地的布局区域集中。

万州区林地和裸地的斑块密度呈明显下降趋势，草地略有下降，水域、耕地和建设用地的斑块密度均呈显著升高的趋势。斑块密度越大，说明破碎度越大，即受干扰的强度越大。因此，16 年间水域、耕地和建设用地是受到干扰较强的土地利用类型。

万州区林地、草地和裸地的景观形状指数呈明显下降的趋势，而水域、耕地和建设用地趋于反复。这说明万州区林地、草地和裸地的斑块形状趋于简单，与其他类型斑块嵌合分布程度降低。

（2）近城区景观格局变化

2000—2015 年，万州区近城区的景观斑块数呈增加趋势，区域破碎程度加剧（见表 5-2），2000 年斑块总个数为 2821，2015 年总个数为 3141，增加 11.34%，斑块平均面积呈减少趋势，景观总体向着破碎化方向发展。

表 5-2　2000 年、2005 年、2010 年、2015 年万州近城区各景观类型的景观指数

指数	年份	土地类型					
		林地	草地	水域	耕地	建设用地	裸地
NP / 个	2000 年	697	811	58	1182	67	6
	2005 年	674	803	112	1217	98	2
	2010 年	652	795	107	1251	140	0
	2015 年	640	794	120	1321	266	0
MPS / hm²	2000 年	44.33	3.75	13.57	12.83	5.36	3.36
	2005 年	45.53	3.72	13.18	11.97	5.44	7.11
	2010 年	46.48	3.73	16.06	10.94	11.43	17.07
	2015 年	46.65	3.68	14.16	10.16	11.69	11.23
ED / m · hm⁻²	2000 年	63.35	18.12	2.14	59.97	2.21	0.14
	2005 年	61.60	17.74	3.36	58.53	3.08	0.09
	2010 年	61.24	17.62	3.61	57.11	5.50	0.00
	2015 年	60.53	17.29	3.84	57.11	5.90	0.00
PD / 个 · hm⁻²	2000 年	1.39	1.61	0.12	2.35	0.13	0.01
	2005 年	1.34	1.60	0.22	2.42	0.20	0.00
	2010 年	1.30	1.58	0.21	2.49	0.28	0.00
	2015 年	1.27	1.58	0.24	3.40	0.37	0.00
LSI	2000 年	48.02	42.04	10.61	62.71	14.96	4.03
	2005 年	46.90	41.50	12.12	62.36	17.15	2.77
	2010 年	46.91	41.44	12.10	62.74	17.74	0.00
	2015 年	46.98	41.00	11.64	62.43	18.57	0.00

资料来源：笔者根据卫星遥感影像解译得出。

近城区各景观类型的变化趋势也有所不同，其中，林地、草地与裸地的斑块个数显著减少，水域、建设用地和耕地的斑块数显著增加。

近城区水域和建设用地的边界密度呈上升趋势，林地、草地、耕地和裸地的边界密度均呈下降趋势。这说明近城区水域、建设用地的布局区域分散，而林地、草地、耕地和裸地的布局区域集中。

（3）中间区景观格局变化

2000—2015 年，万州区中间区的景观斑块数呈增加趋势，区域破碎化程度加剧（见表 5-3），2000 年斑块总个数为 6768，2015 年总个数为 6954，增加 2.75%，斑块平均面积呈减少趋势，景观总体向着破碎化方向发展。

表 5-3 2000 年、2005 年、2010 年、2015 年万州中间区各景观类型的景观指数

指数	年份	土地类型					
		林地	草地	水域	耕地	建设用地	裸地
NP/个	2000 年	1253	2148	219	2980	102	66
	2005 年	1212	2124	257	2984	153	48
	2010 年	1167	2115	244	3031	191	47
	2015 年	1105	2117	270	3160	263	39
MPS/hm²	2000 年	64.70	2.35	10.01	12.74	4.42	4.78
	2005 年	66.47	2.34	15.26	12.31	5.07	1.58
	2010 年	69.04	2.32	18.96	11.69	7.49	1.53
	2015 年	73.24	2.25	17.21	11.62	9.28	1.41
ED/m·hm⁻²	2000 年	66.74	14.52	3.17	62.37	1.27	0.66
	2005 年	65.50	14.24	4.73	60.84	1.89	0.28
	2010 年	64.88	14.08	4.81	59.99	2.68	0.26
	2015 年	64.66	13.70	4.65	58.93	3.33	0.21
PD/个·hm⁻²	2000 年	0.99	1.69	0.17	2.35	0.08	0.05
	2005 年	0.95	1.67	0.20	2.35	0.12	0.04
	2010 年	0.92	1.66	0.19	2.39	0.15	0.04
	2015 年	0.87	1.66	0.21	3.35	0.22	0.03
LSI	2000 年	77.49	65.57	22.60	102.86	19.05	11.83
	2005 年	76.31	64.84	25.24	101.95	21.63	10.00
	2010 年	75.59	64.66	23.82	102.25	22.59	9.83
	2015 年	74.90	63.95	23.11	112.12	23.86	8.90

资料来源：笔者根据卫星遥感影像解译得出。

各景观类型的变化趋势也有所不同，其中，林地与裸地的斑块个数显著减少，草地略微减少，水域、建设用地和耕地的斑块数显著增加。

中间区水域和建设用地的边界密度呈上升趋势，林地、草地、耕地和裸地的边界密度均呈下降趋势。这说明中间区的水域、建设用地的布局区域分散，而林地、草地、耕地和裸地的布局区域集中。

（4）远城区景观格局变化

2000—2015 年，万州区远城区的景观斑块数呈增加趋势，区域破碎化程度加剧（见表 5-4），2000 年斑块总个数为 7474，2015 年总个数为 7757，增加 3.79%，斑块平均面积呈减少趋势，景观总体向着破碎化的方向发展。

表 5-4　2000 年、2005 年、2010 年、2015 年万州远城区各景观类型的景观指数

类型	年份	土地类型					
		林地	草地	水域	耕地	建设用地	裸地
NP / 个	2000 年	1586	2037	148	3522	117	64
	2005 年	1548	2012	288	3556	157	40
	2010 年	1508	1994	272	3655	188	39
	2015 年	1488	1989	292	3739	216	33
MPS / hm²	2000 年	60.30	3.49	7.99	13.23	4.45	6.33
	2005 年	61.60	3.51	10.02	12.72	5.40	1.68
	2010 年	63.34	3.47	13.68	11.99	7.47	1.64
	2015 年	64.10	3.46	13.08	11.18	8.87	1.45
ED / m·hm⁻²	2000 年	66.57	14.09	1.35	64.21	1.13	0.64
	2005 年	65.59	13.98	2.85	63.05	1.64	0.20
	2010 年	64.93	13.75	2.93	62.26	2.07	0.19
	2015 年	62.79	13.68	2.87	61.92	2.98	0.14

续表

类型	年份	土地类型					
		林地	草地	水域	耕地	建设用地	裸地
PD／个·hm⁻²	2000 年	1.05	1.34	0.10	2.33	0.08	0.04
	2005 年	1.02	1.33	0.19	2.35	0.10	0.03
	2010 年	1.00	1.32	0.18	2.41	0.12	0.03
	2015 年	0.96	1.31	0.19	2.59	0.14	0.02
LSI	2000 年	85.16	64.32	15.77	114.10	18.65	12.28
	2005 年	84.03	63.91	21.41	113.73	21.30	9.24
	2010 年	83.14	63.57	19.62	114.00	21.15	9.00
	2015 年	82.10	63.42	18.96	133.53	73.58	7.94

资料来源：笔者根据卫星遥感影像解译得出。

各景观类型的变化趋势也有所不同，其中，林地与裸地的斑块个数显著减少，草地略微减少，水域、建设用地和耕地的斑块数显著增加。

远城区水域和建设用地的边界密度呈上升趋势，林地、草地、耕地和裸地的边界密度均呈下降趋势。这说明远城区水域、建设用地的布局区域分散，而林地、草地、耕地和裸地的布局区域集中。

（5）不同区域景观格局对比

2000—2015 年，近城区、中间区和远城区的景观斑块数均呈增加趋势，区域破碎化程度加剧。其中，林地、草地与裸地的斑块个数呈减少趋势，水域、建设用地和耕地的斑块数呈增加趋势（见表5-5）。近城区建设用地的斑块个数增加最为显著，16 年间增加 297.01%，明显高于中间区的 157.84% 和远城区的 84.62%；中间区的林地斑块面积减少最为显著，16 年间减少 11.81%，高于近城区的 8.18% 和远城区的 6.18%；近城区耕地的破碎化程度最为显著，16 年间增加 11.76%，高于中间区的 6.04% 和远城区的 6.16%。

表 5-5   2000—2015 年万州区不同区域斑块个数变化

区域	林地	草地	水域	耕地	建设用地	裸地
近城区	−8.18 %	−2.10 %	106.90%	11.76 %	297.01%	−100.00%
中间区	−11.81%	−1.44%	23.29 %	6.04 %	157.84 %	−40.91%
远城区	−6.18 %	−2.36 %	97.30%	6.16 %	84.62 %	−48.44 %

林地、水域和建设用地的平均斑块面积呈增长趋势，其中，水域和建设用地的平均斑块面积增长显著（见表 5-6）。中间区林地的斑块平均面积增加显著，16 年间增加 13.20%，高于近城区的 5.23% 和远城区的 6.30%；近城区耕地的平均斑块面积减少 20.81%，高于中间区的 8.79% 和远城区的 15.50%；建设用地的斑块平均面积增速较为平均，近城区、中间区和远城区分别增加 118.10%、109.95% 和 99.33%。

表 5-6   2000—2015 年万州区不同区域平均地块面积变化

区域	林地	草地	水域	耕地	建设用地	裸地
近城区	5.23 %	−1.87 %	4.35%	−20.81 %	118.10%	234.23 %
中间区	13.20 %	−4.26%	71.93 %	−8.79 %	109.95%	−70.50%
远城区	6.30%	−0.86 %	63.70 %	−15.50 %	99.33 %	−77.09%

水域和建设用地的边界密度呈上升趋势，而林地、草地、耕地和裸地的边界密度呈下降趋势，说明水域和建设用地分割程度变高，布局区域分散，而林地、草地、耕地和裸地的分割程度降低，布局区域集中。不同区域林地、草地、耕地和建设用地的边界密度变化速度较为接近（见表 5-7）。

表 5-7　2000—2015 年万州区不同区域边界密度变化

区域	林地	草地	水域	耕地	建设用地	裸地
近城区	-4.45 %	-4.56 %	79.84 %	-4.77 %	167.34 %	-100.00 %
中间区	-3.11 %	-5.66 %	46.70%	-5.51 %	163.36 %	-68.25%
远城区	-5.68 %	-2.90%	112.99%	-3.56 %	164.93 %	-77.53 %

　　林地和裸地的斑块密度总体呈明显下降趋势，而草地略有下降，水域、耕地和建设用地的斑块密度均呈显著升高的趋势。斑块密度越大，说明破碎化程度越高，即受干扰的强度越大。因此，16 年间水域、耕地和建设用地是受到干扰较强的土地利用类型（见表 5-8）。

表 5-8　2000—2015 年万州区不同区域斑块密度变化

区域	林地	草地	水域	耕地	建设用地	裸地
近城区	-8.68%	-2.26 %	106.50 %	44.70%	179.07 %	-100.00%
中间区	-12.26 %	-1.62%	23.03%	42.70%	175.22 %	-41.15 %
远城区	-8.76 %	-2.51 %	97.03 %	11.18 %	84.48 %	-48.46 %

　　不同区域林地、草地和裸地的形状指数均呈减小趋势，说明这三种地类斑块形状趋于简单，与其他类型斑块嵌合分布程度降低；而水域、建设用地的形状指数均呈增加趋势，说明这两种地类斑块形状趋于复杂，与其他类型斑块嵌合分布程度升高。其中，远城区增加幅度明显高于近城区和中间区；近城区耕地的形状指数略有降低；而中间区和远城区耕地的形状指数均显著升高（见表 5-9）。

表 5-9　2000—2015 年万州区不同区域景观形状指数变化

区域	林地	草地	水域	耕地	建设用地	裸地
近城区	-2.17 %	-2.47 %	9.75 %	-0.43 %	24.09 %	-100.00 %
中间区	-3.34 %	-2.47 %	2.26 %	9.00 %	25.26 %	-24.78 %
远城区	-3.59 %	-1.40 %	20.22 %	17.03 %	294.42 %	-35.39 %

综上所述，2000—2015 年，万州区不同景观类型均受到了不同程度的干扰，总体而言，受到干扰强度最大的是耕地和建设用地，这两种地类的斑块个数和斑块密度均显著增加，破碎化程度加剧。不同区域中近城区耕地和建设用地受到的干扰强度最大，16 年间近城区耕地的斑块数、斑块平均面积和斑块密度变化在所有区域中幅度最大；中间区的耕地和建设用地受到的干扰强度小于近城区，但大于远城区。

3. 小流域景观格局空间差异

（1）平均斑块面积

本书对 20 个小流域的耕地、果园、撂荒地、居民点与工矿用地、林地五种土地利用类型的景观指数进行统计，其中耕地的平均斑块面积（MPS）为 1060.19 m^2，果园的平均斑块面积为 864.88 m^2，撂荒地的平均斑块面积为 726.20 m^2，居民点与工矿用地的平均斑块面积为 112.12 m^2，林地的平均斑块面积为 3431.55 m^2。林地的平均斑块面积最大，居民点与工矿用地的平均斑块面积最小，果园和耕地的平均斑块面积大于撂荒地（见表 5-10）。

表 5-10　各流域的平均斑块面积

区域	流域名称	耕地	果园	撂荒地	居民点与工矿用地	林地
近城区	陈家沟	564.07	319.40	412.13	130.01	1430.56
	万河	510.45	483.63	509.93	76.03	2493.85
中间区	东峡Ⅰ	723.78	—	1371.48	101.84	4068.44
	东峡Ⅱ	739.07	1051.17	472.53	229.53	5054.59
	泉水	1649.87	—	965.44	141.56	3731.99
	沙滩	551.36	1607.50	435.73	67.30	1990.27
	花石	612.85	—	877.26	93.05	2890.13
	太白溪	1515.48	—	516.95	153.32	3159.90
	新石	1498.36	2613.13	939.52	73.72	3636.45
	石碾	789.67	2315.70	260.25	81.60	4241.69
	石公	459.57	—	806.70	58.10	3209.71
远城区	普子	1510.53	437.33	639.08	307.40	2868.88
	虎头	1480.88	1111.00	905.60	131.79	4577.06
	七曜	1359.97	—	287.19	54.11	4986.28
	金福Ⅰ	893.69	—	999.68	89.42	4586.07
	金福Ⅱ	2481.77	1551.60	1286.59	117.99	4891.90
	箭楼	1007.93	2140.78	741.64	169.20	2551.24
	太平	549.57	3666.41	665.95	75.41	2664.64
	铁炉	930.59	—	619.27	45.72	3884.23
	余家	1374.39	—	811.28	45.35	1713.06

不同区域的平均斑块面积总体呈现近城区＜中间区＜远城区，其中近城区耕地的平均斑块面积为 537.26 m²，在所有区域中最小，中间区耕地的平均斑块面积为 948.89 m²，远城区耕地的平均斑块面积为 1287.70 m²；近城区撂荒地的平均斑块面积为 461.03 m²，小于中间区的 738.43 m² 和远城区的 772.92 m²；近城区林地的平均斑块面积为 1962.21 m²，小于中间区的 3553.69 m² 和远城区的 3635.93 m²；不同区域居民点与工矿用地的平均斑块

面积差别较小，近城区、中间区和远城区分别为 103.02 m^2、111.11 m^2 和 115.15 m^2（见图 5-1）。

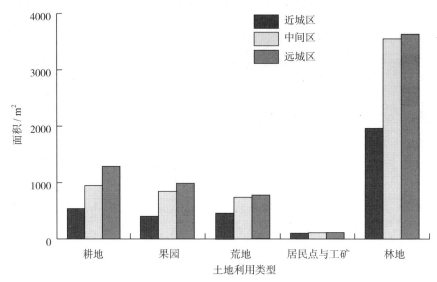

图 5-1 流域尺度主要土地利用类型的平均斑块面积

（2）边界密度

边界密度（ED）是反映细碎化的重要指标之一，边界密度越大，表示某用地类型被分割程度越高，布局越分散。在 20 个典型小流域中，不同土地利用类型的边界密度总体表现为耕地＞撂荒地＞林地＞居民点与工矿用地＞果园，其中耕地的边界密度为 679.12，果园的边界密度为 81.74，撂荒地的边界密度为 559.49，居民点与工矿用地的边界密度为 227.51，林地的边界密度为 258.94。耕地和撂荒地的布局较为分散，而果园的布局相对集中（见表 5-11）。

表 5-11　各流域的边界密度　　　　　单位：m/hm²

区域	流域名称	耕地	果园	撂荒地	居民点与工矿用地	林地
近城区	陈家沟	626.61	80.2	409.94	299.84	392.9
	万河	792.02	33.02	593.38	270.5	294.86
中间区	东峡 I	518.12	—	585.9	140.45	186.41
	东峡 II	457.38	59.55	510.93	219.41	166.19
	泉水	624.16	—	399.98	278.08	225.61
	沙滩	961.23	5.49	611.41	259.83	453.82
	花石	735.24	—	563.81	280.7	282.85
	太白溪	755.21	—	495.85	321.33	298.04
	新石	514.49	148.4	570.21	165.13	305.27
	石碾	873.62	414.71	590.96	297.64	176.4
	石公	731.57	0	536.23	234.66	475.62
远城区	普子	796.54	4.44	414.8	303.44	138.83
	虎头	605.05	3.19	549.13	188.29	191.17
	七曜	903.57	—	849.03	199.29	109.63
	金福 I	368.44	—	565.54	198.02	336.21
	金福 II	573.42	12.14	295.87	211.91	239.04
	箭楼	598.84	44.04	575.95	209.93	192.37
	太平	738.87	175.74	536.88	234.02	218.12
	铁炉	740.64	—	821.43	166.16	282.65
	余家	667.3	—	712.56	71.57	212.88

不同土地利用类型在不同区域的边界密度变化趋势不尽相同。耕地的边界密度为近城区最高，为 709.32，远城区最低，为 665.85；而撂荒地的变化趋势完全相反，近城区最低，为 501.66，远城区最高，为 591.24；近城区林地的边界密度最高，为 343.88，远城区最低，为 213.43；居民点与工矿用地的边界密度变化趋势与林地相同，近城区最高，为 285.17，远城区最低，为 198.07（见图 5-2）。

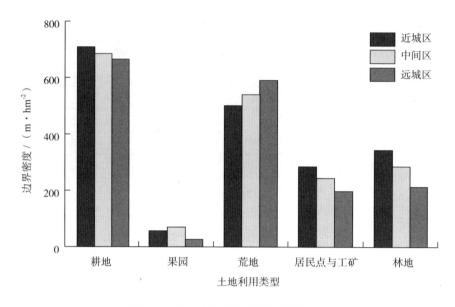

图 5-2　主要土地利用类型的边界密度

二、生态系统服务

随着城镇化的发展，许多地区的人口结构及土地利用发生了很大的改变，主要表现为城镇建设用地持续增加和耕地持续减少。同时有越来越多的农村劳动力为了获得高于农业生产所获得的经济利益而发生转移，造成农村耕地的流转及撂荒。其中，撂荒一方面会影响粮食生产，另一方面会降低人类对土地的利用强度，使土壤质地、植被等发生相应的改变，进而改善当地的生态环境。本书主要通过评估撂荒地与耕地两种地类对生态系统服务的不同响应，分析城镇化背景下区域生态效应的变化。

1.水源涵养

生态系统的水源涵养功能主要表现为通过对降水进行截留、吸收和下渗，进行时空再分配，减少无效水，增加有效水（张一平 等，2004）。生态系统涵养水源分为两部分：一部分为地上部分持水量，主要通过林冠层截留降水、林下植被持水和枯落物蓄水来体现；另一部分为土壤层水源涵养量，土壤层水源涵养主要取决于土壤的容重、孔隙度、土壤层厚度和土壤入渗性能等因素。由林冠层截留的降水最终通过蒸散作用回到大气，因此生态系统的水源涵养功能主要体现在土壤层水源涵养量。

（1）模型原理

本书采用 InVEST 模型中的水源涵养模块来计算土壤层的水源涵养量。该模型计算原理为降水量除去实际蒸散量的那部分水后实际能够进入土壤层的即为土壤层水源涵养量，能进入土壤层的水量为地形指数（TI）、土壤饱和导水率（Ksat）、径流流速系数（Velocity）的一个函数。该模型包括产水模块和水源涵养模块两个子模块。该模型考虑了不同土地利用类型土壤渗透性的差异，并结合地形因素、地表粗糙度等条件对地表径流的影响，最终以栅格为评价单元评价区域的水源涵养能力。

①产水量

InVEST 产水模型是根据水量平衡原理，基于气候、地形和土地利用等因子来计算栅格径流量，每个栅格单元的降雨量减去实际蒸发量即为产水量。降雨量与蒸发量之间的平衡和其他一系列的气象条件、土壤特征和地表覆盖等要素密切相关（Budyko, 1974；Zhang et al., 2001）。

产水量的计算原理如下：

$$Y_{jx} = \left(1 - \frac{\mathrm{AET}_{xj}}{P_x}\right) P_x \tag{5-5}$$

式中：

Y_{jx}——年产水量；

P_x——栅格单元 x 的年均降雨量；

AET_{xj}——土地利用类型 j 上栅格单元 x 的实际年平均蒸散发量。

蒸散量与降雨量的比值即 $\dfrac{AET_{xj}}{P_x}$ Zhang 系数（Zhang 等，2001），根据 Zhang 等在 Budyko 曲线（Budyko，1974）基础上提出的近似算法进行计算，即

$$\frac{AET_{xj}}{P_x} = \frac{1 + \omega_x R_{xj}}{1 + \omega_x R_{xj} + 1/R_{xj}} \tag{5-6}$$

其中：

R_{xj}——土地利用类型 j 上栅格单元 x 的 Budyko 干燥指数，该指数无单位，其定义为潜在蒸散量与降雨量的比值（Budyko，1974），计算公式为

$$R_{xj} = \frac{k \times ET_0}{P_x} \tag{5-7}$$

式中：

k——作物系数（crop coefficient），是在不同发育阶段中作物蒸散量与参比（潜在）蒸散量的比值，在 InVEST 模型手册中将 k 称为植被的蒸散系数；

ET_0——参比蒸散发量，单位为 mm。

修正植被年可利用水量与预期降水量的比值

$$\omega_x = Z \frac{AWC_x}{P_x} \tag{5-8}$$

式中：

Z——Zhang 系数，是由 Zhang（2001）将其定义为表征自然气候—土壤性质的非物理参数；

AWC_x——可利用水，其计算公式如下：

$$AWC_x = \min(maxSoilDepth_x, RootDepth_x) \times PAWC_x \tag{5-9}$$

式中：

maxSoilDepth$_x$——最大土壤深度，单位为 mm；

RootDepth$_x$—— x 植物的根系深度，单位为 mm；

PAWC$_x$—— x 植被可利用水。

②水源涵养量

水源涵养量，即在降雨过程中，除去蒸发和地表流失的水量之后，渗入地下的水量。本书根据地表高程数据，计算径流的路径，并通过土壤渗透性和流速系数等条件计算地形指数，最终得出不同土地利用类型的水源涵养量。使用本方法计算水源涵养量时认为，植被和枯落物对降雨的截获最终通过蒸发的形式损失掉，对水源涵养的贡献很小，因此该模型只考虑土壤对水源的涵养。水源涵养量是在产水量的基础之上获得的。地形指数 TI 的计算公式如下：

$$TI = \log\left(\frac{\text{Drainage Area}}{\text{SoilDepth} \times \text{PercentSlope}}\right) \quad (5\text{-}10)$$

式中：

Drainage Area ——集水区的栅格数量；

SoilDepth ——所在栅格的土层厚度，单位为 mm；

PercentSlope ——栅格的百分比坡度，单位为 %。

根据下列模型公式计算土壤的水源涵养量，即

$$\text{Retention} = \min\left(1, \frac{249}{\text{Velocity}}\right) \times \min\left(1, \frac{0.9 \times \text{TI}}{3}\right) \times \min\left(1, \frac{K_{\text{sat}}}{300}\right) \times \text{Yield}$$

$$(5\text{-}11)$$

式中：

Retention——土壤的涵水量，单位为 mm；

Velocity——流速系数；

TI——地形指数；

K_{sat}——土壤的饱和导水率，单位为 mm/d；

Yield——产水量，单位为 mm。

（2）模型使用数据与参数

评估所用的主要数据包括土地利用、DEM、多年平均降水量、潜在蒸散发量、植被可利用水、土壤深度、粘粒含量、粉粒含量、沙粒含量、土壤饱和导水率等。InVEST 水源涵养模型需要将蒸散系数（ETk）、根系深度（RootDepth）、流速系数（Vel_coef）与土壤饱和导水率等参数以参数表的形式输入。

①多年平均降雨量

本书使用万州全区 44 个气象站点 2011—2017 年降水数据生成多年平均降雨量。由于 InVEST 模型所需要的数据为空间数据，因此需要进行空间插值。气象站点的数量与空间插值的方法在很大程度上会影响插值的精度（何红艳 等，2005），本书考虑到高程、坡度、坡向等因素，使用协克里金插值法（徐天献 等，2010）进行空间插值，以获取多年平均降雨量。

②潜在蒸散发量

由于潜在蒸散发量（ET_0）数据难以获取，因此本研究使用 InVEST 模型推荐的 Modified-Hargreaves 法计算 ET_0（陈风琴 等，2005），如下所示：

$$ET_0 = 0.0013 \times 0.408 \times RA \times (T_{avg} + 17) \times (TD - 0.0123P)^{0.76} \tag{5-12}$$

式中：

ET$_0$——潜在蒸散发量，单位为 mm/d；

RA——太阳大气顶层辐射，单位为 MJ/（m^2·d），利用气象站点的太阳总辐射数据计算获得；

T_{avg}——日最高温均值和日最低温均值的平均值，单位为℃；

TD——日最高温均值和日最低温均值的差值，单位为℃；

P——月平均降水量，单位为 mm。

③植被可利用水

植被可利用水（PAWC）用土壤性质进行计算（Zhou et al.，2005；傅斌 等，2013），PAWC 无单位，取值范围为 0～1，计算公式如下：

$$
\begin{aligned}
PAWC = {} & 54.509 - 0.132 \times Sand - 0.003 \times (Sand)^2 - 0.055 \times Silt - \\
& 0.006 \times (Silt)^2 - 0.738 \times Clay + 0.007 \times (Clay)^2 - 2.668 \times \\
& OM + 0.501 \times (OM)^2
\end{aligned}
$$

$$\tag{5-13}$$

式中：

Clay——粘粒百分含量，单位为%；

Silt——粉粒百分含量，单位为%；

OM——有机质百分含量，单位为%。

土壤粒径分类标准：土壤沙粒粒径＞0.05 mm，0.02 mm＜粉粒粒径＜0.05 mm，粘粒粒径＜0.002 mm。

④土壤饱和导水率

土壤饱和导水率通过采集土壤样品进行实验得出，单位为 mm/d。

⑤最大根系深度

最大根系深度，即在该种土地利用类型上生长的植被能获得水的深度。由于万州区植被类型多样，从土地利用的角度确定根系深度将忽略不同植被之间的差异。根据产水量计算公式，对产水有影响的是土层厚度和根系深度中数值较小的，由于乔木的根系远大于土层厚度，因此，其根系深度的误差不影响产水量的计算。一般将无林地的最大根深设为 10000 mm，将果树等林地类型设为 3000 mm。

对于农作物，根系在土壤中分布的深度和广度是不同的。一般来说，直根系入土较深，须根系入土较浅。经调查，三峡库区的主要农作物为水稻、小麦和玉米。水稻的根系深度为 0.6 ～ 0.9 m；小麦的较深，根深可达 2.0 m；玉米最大根深可达 2.3 m（刘晶淼 等，2009）。因此，本书将耕地的最大根深设为 2300 mm。

对于撂荒地，熊丹（2013）在云南省西北部对不同年限撂荒地的自然演替进行研究发现，撂荒 10 年之内的主要优势物为草本，以菊科、禾本科和蔷薇科植物为主。黄刚等（2007）利用微管在内蒙古对狗尾草、黄蒿和沙米等植物的根系生长动态进行了观测，发现这些草本植物根系深度在 0.5 m。朱秀端和唐松青（2005）在研究应用香根草防治闽北水土流失时，发现香根草地上部分密集丛生，茎秆坚硬、直立，成熟时地下部分具有纵深发达的根系，深度可达3 m 以上。李鹏等（2005）在研究黄土高原退耕草地发现根系深度在 0.97 m 左右。根据 Canadell 等（1996）的结论，温带草本植物的根系变化范围较大，根系较浅的 1.2 m，最深的可达 6.3 m，多数在 2.7 m 左右。考虑到万州区草地和撂荒地主要分布地的水分并不缺乏，推测根系不会太深。因此，设定撂荒地的最大根深为 2700 mm（见表 5-12）。其余地类的最大根深均设为 1 mm。

表 5-12　InVEST 水源涵养模型最大根深　　　　　　　　　　单位：mm

土地利用代码	土地利用类型	最大根深
1	道路	1
2	耕地	2300
3	果园	3000
4	撂荒地	2700
5	居民点与工矿用地	1
6	林地	10000
7	裸地	1
8	水域	1

⑥流速系数与蒸散系数

流速系数表示下垫面对地表径流运动的影响。以美国农业部下属自然资源保护局（Natural Resources Conservation Service，NRCS）提供的国家工程手册上的"流速—坡度—景观"表格为基准（傅斌 等，2013），不同土地利用的流速系数（Vel_coef）可根据 NRCS 提供的数据乘以 1000 得到。蒸散系数（ETk）也需基于土地利用类型通过参考文献获得（见表 5-13）。

表 5-13　InVEST 水源涵养模型流速系数与蒸散系数

土地利用代码	土地利用类型	流速系数	蒸散系数
1	道路	500	0.6
2	耕地	500	0.6
3	果园	400	0.6
4	撂荒地	500	0.6
5	居民点与工矿用地	2012	0.6
6	林地	2012	0.7
7	裸地	2012	0.4
8	水域	2012	0.8

（3）评估结果

①模型校验

本书使用位于万州区长岭镇陈家沟的水文监测站点实测的年平均径流数据对 InVEST 产水模型的模拟结果进行检验。通过 InVEST 模型计算得出的万州区陈家沟小流域径流深度范围为 267.35 ~ 980.28 mm，平均径流深度为 699.06 mm，因此求得陈家沟小流域全流域多年平均产水量为 7.1217×10^6 m³。本书使用位于陈家沟流域内的陈家大河、代家沟、杨家沟、黑沟岭、乔家 I 和乔家 II 六个水文监测站点的年平均流量监测值，用以验证使用水源涵养模型模拟的产水量结果的准确性。

结果显示，六个水文站点中，陈家大河、代家沟和乔家 I 三个水文站点的实测数据与模型模拟的年产水量误差在 10% 以内，杨家沟和黑沟岭两个水文站点的实测数据与模型模拟的年产水量误差在 20% 以内，乔家 II 站点的实测数据与模型模拟的年产水量误差较大，为 32%。6 个站点总体误差为 9.71%，说明模拟结果较好，误差可接受（见表 5-14）。

表 5-14　产水量模型结果校验

文站点	流域面积 /km²	模型计算的年产水量 /m³	实测多年平均径流量 /m³	相对误差
陈家大河	6.02	3199100	2972400	7.63%
代家沟	0.65	253100	237100	6.75%
杨家沟	0.59	241300	205100	17.65%
黑沟岭	1.66	1001300	863300	15.99%
乔家 I	0.02	35400	34300	3.21%
乔家 II	0.01	14100	13100	7.63%
总和 / 平均误差	8.95	4744300	4325300	9.81%

②万州小流域水源涵养

根据 InVEST 产水模型计算得到万州 20 个典型小流域水源涵养功能。20 个小流域生态系统多年平均水源涵养量总计 $1.00871 \times 10^7 \mathrm{m}^3$，产水总量为 $2.06877 \times 10^7 \mathrm{m}^3$，水源涵养总量占产水总量的比例为 48.76%。其中，近城区两个流域水源涵养总量占产水总量的比例为 67.56%，中间区为 40.33%，远城区为 36.32%，见表 5-15。

表 5-15　典型小流域水源涵养功能

区域	流域名称	平均产水量 / mm	总产水量 / m³	平均水源涵养量 / mm	水源涵养总量 / m³	水源涵养率
近城区	陈家沟	699.47	7121700	483.21	4919800	69.08%
	万河	386.32	405100	157.51	165200	40.77%
中间区	东峡 I	810.46	986100	255.35	310700	31.51%
	东峡 II	897.81	332100	205.15	75900	22.85%
	泉水	732.90	746100	336.55	342600	45.92%
	沙滩	730.26	756700	284.92	295200	39.02%
	花石	1005.77	936000	437.94	407600	43.54%
	太白溪	679.41	939600	357.12	493900	52.56%
	新石	676.78	139600	176.26	36400	26.04%
	石碾	626.76	150200	173.85	41700	27.74%
	石公	693.34	559300	288.22	232500	41.57%
远城区	普子	565.33	187000	157.33	52000	27.83%
	虎头	696.58	192200	241.05	66500	34.60%
	七曜	741.81	286900	277.48	107300	37.41%
	金福 I	873.99	1004700	401.14	461100	45.90%
	金福 II	858.55	2959500	325.58	1122300	37.92%
	箭楼	1114.70	1780700	369.53	590300	33.15%
	太平	822.85	441700	356.06	191100	43.27%
	铁炉	410.40	637400	96.55	149900	23.53%
	余家	563.14	125100	113.03	25100	20.07%

　　若各小流域范围内未发生撂荒现象，即将撂荒地均恢复为原本耕作的状态，其水源涵养功能会如何变化？本书将 20 个小流域的土地利用数据中的撂荒地替换为耕地，使用 InVEST 水源涵养模型进行撂荒之前流域水源涵养服务的评价。结果显示，各流域撂荒之后的产水量均大于撂荒之前的产水量，平均增加 3.09%。其中，近城区平均增加 3.04%，中间区平均增加 3.13%，远城区平均增加 3.07%。这说明撂荒地增加了流域的产水量，改善了区域的水源涵养功能（见表 5-16）。

表 5-16　撂荒前后典型小流域平均产水量

区域	流域名称	撂荒前的平均产水量 /mm	撂荒后的平均产水量 /mm	变化
近城区	陈家沟	680.24	699.47	2.83%
	万河	374.14	386.32	3.26%
中间区	东峡 I	777.85	810.46	4.20%
	东峡 II	879.61	897.81	2.07%
	泉水	717.68	732.9	2.12%
	沙滩	709.61	730.26	2.91%
	花石	968.04	1005.77	3.90%
	太白溪	667.88	679.41	1.73%
	新石	642.76	676.78	5.29%
	石碾	617.77	626.76	1.46%
	石公	662.97	693.34	4.58%
远城区	普子	555.4	565.33	1.79%
	虎头	667.32	696.58	4.38%
	七曜	721.28	741.81	2.85%
	金福 I	842.03	873.99	3.80%
	金福 II	846.58	858.55	1.41%
	箭楼	1,065.92	1114.7	4.58%
	太平	800.75	822.85	2.76%
	铁炉	397.5	410.4	3.25%
	余家	547.66	563.14	2.83%

2. 土壤保持

（1）模型原理

土壤保持是生态系统的重要功能，常采用土壤保持量作为评价土壤保持功能的定量指标，即潜在土壤侵蚀量与现实土壤侵蚀量的差值，计算公式如下：

$$Ac = Ap\text{-}Ar \tag{5-14}$$

式中：

Ap ——潜在土壤侵蚀量，单位 t /（hm² · a）；

Ar ——现实土壤侵蚀量，单位 t /（hm² · a）；

Ac ——土壤保持量，单位 t /（hm² · a）。

潜在土壤侵蚀量和现实土壤侵蚀量均通用土壤流失方程（USLE）模型进行计算，即

$$A = R \times K \times LS \times C \times P \tag{5-15}$$

式中：

A——单位面积土壤流失量；

R——降雨侵蚀力因子；

K——土壤可蚀性因子；

L——坡长因子；

S——坡度因子；

C——作物覆盖和管理因子；

P——水保措施因子。

在计算潜在土壤侵蚀量 Ap 时不需要考虑地表覆盖类型和土地管理的因素，可将 C 值和 P 值均赋为 1，此时 USLE 模型如下：

$$\text{Ap} = R \times K \times LS \tag{5-16}$$

（2）模型使用数据与参数

① R 值的计算

R 值反映了降雨条件下，雨水对土壤的剥离、搬移和冲刷的能力大小，即降雨导致土壤流失的潜在能力（胡胜 等，2015）。根据章文波等（2003）的研究结果，使用不同类型的雨量资料进行降雨侵蚀力的估算会使计算结果的精度有所不同，并认为以日雨量模型计算侵蚀力的精度明显最高。其计算模型如下：

$$M_i = \alpha \sum_{j=1}^{k} \left(D_j \right)^{\beta} \tag{5-17}$$

式中：

M_i——第 i 个半月时段的侵蚀力数值，单位为 MJ·mm /（hm²·h）；

k——该半月时段内的天数；

D_j——半月时段内第 j 天的侵蚀性日雨量（日降雨量不小于 12 mm），若降雨量不大于 12 mm，则以 0 计算；

α 和 β——模型待定参数，可利用日雨量参数估计模型参数 α 和 β，计算公式如下：

$$\beta = 0.8363 + 18.144 \times P_{d12}^{-1} + 24.455 \times P_{y12}^{-1} \tag{5-18}$$

$$\alpha = 21.586 \beta^{-7.891} \tag{5-19}$$

式中：

P_{d12}——日降雨量不小于 12mm 的日平均雨量，单位 mm；

P_{y12}——日降雨量不小于 12mm 的年平均雨量，单位 mm。

② K 值的计算

K 值使用 Sharpley 和 Williams（1990）在侵蚀—生产力影响评价模型（EPIC）中发展形成的土壤可蚀性因子，计算公式如下：

$$K = \left\{ 0.2 + 0.3\exp\left[0.0256\mathrm{SAN}\left(1-\frac{\mathrm{SIL}}{100}\right)\right]\right\} \times \left(\frac{\mathrm{SIL}}{\mathrm{CLA+SIL}}\right)^{0.3} \times$$
$$(1.0-0.025C)\left[C+\exp(3.72-2.95C)\right] \times \left[1.0-\frac{0.7\mathrm{SN}_1}{\mathrm{SN}_1+\exp(-5.51+22.9\mathrm{SN}_1)}\right]$$

（5-20）

SN_1的计算公式为：

$$\mathrm{SN}_1 = 1 - \frac{\mathrm{SAN}}{100}$$

（5-21）

式中，SAN、SIL、CLA和C分别代表土壤中砂粒、粉粒、粘粒和有机碳含量，均为百分数。本书所使用的SAN、SIL、CLA和C的数值均来自土壤实验所得的数据。

③ LS 的计算

LS 是指在其余相同的条件下，单位面积的坡面流失与标准小区（坡长 22.12m，坡度 9%）流失二者的比值（彭怡，2010），通常采用黄炎和等（1993）建立的公式及 InVEST 模型计算坡长的方法计算的结果比较合理，并分为陡坡和缓坡分别计算。

对于缓坡地区，LS 计算公式为

$$\mathrm{LS} = \left(\frac{\mathrm{flowacc}\times\mathrm{cellsize}}{22.13}\right)^{mn} \times \frac{\sin(\mathrm{slope}\times 0.01745)}{0.09^{\mathrm{powl}}} \times \mathrm{multl}$$

（5-22）

$$mn = \begin{cases} 0.5\,, & slope \geqslant 5\% \\ 0.4\,, & 3.5\% < slope < 5\% \\ 0.3\,, & 1\% < slope \leqslant 3.5\% \\ 0.2\,, & slope \leqslant 1\% \end{cases} \tag{5-23}$$

式中：

flowacc ——各栅格的集流量；

cellsize ——栅格大小；

powl 和 multl 代表描述自然面蚀的参数，低值用于面蚀，高值用于小沟侵蚀，取值可从 1.2 到 1.8。默认值 powl 为 1.4，multl 为 1.6。

对于陡坡地区，LS 计算公式为

$$LS = 0.05 \times \lambda^{0.35} \times prct\_slope^{0.6} \tag{5-24}$$

$$\begin{cases} cellsize, & flowdir \quad 1,4,6 \ 或 \ 64 \\ 1.4 \times cellsize, & 其他 \ flowdir \end{cases} \tag{5-25}$$

式中：

prct_slope ——栅格百分坡度，单位为 %；

flowdir —— 每个栅格的径流方向，共有 8 个方向。

本书基于无人机高精度影像生成的 DSM 数据计算 LS 数值，数据空间分辨率为 2 m。

④ P 值

P 值是指采用专门措施后的土壤流失量与采用顺坡种植时的土壤流失量的比值，一般只有耕地进行水保措施。P 值基本上是根据区域特点对土地不同的利用方式进行赋值。

本书通过对农户进行调查发现，万州区大部分耕地采取了一定的水保措施，而大部分果园也采取了一定的水保措施。刘得俊等（2006）认为，等高梯田是最为有效的水土保持措施之一，但当整体坡度大于24°时，等高耕作对水土保持的效果并不显著。本书通过对农户和村干部的访谈发现，万州区内坡度大于25°的耕地均已完成了退耕；梯田和田埂的修建质量也对P值有较大的影响，质量好、中、差的梯田可分别赋值为0.04、0.15、0.35。本书在进行农户调查时发现，万州区大部分农户在坡地进行耕作时，使用等高耕作的方式，具有较好的水保措施，万州区大部分果园栽种于梯田之上，也具有较好的水保措施；撂荒地基本处于无管理的状态，但撂荒之前作为耕地时有相应的水保措施。因此，本书将耕地、果园和撂荒地分别赋值0.04、0.15和0.04，其余土地利用类型均赋值为1，见表5-17。

表 5-17　土壤保持模型的 P 值

土地利用代码	土地利用类型	P 值
1	道路	1
2	耕地	0.04
3	果园	0.15
4	撂荒地	0.04
5	居民点与工矿用地	1
6	林地	1
7	裸地	1
8	水域	1

⑤C 值

C 值是指在相同的土壤、坡度和降雨条件下，有特定植被覆盖或田间管理土地上的土壤流失量与实施清耕、无覆盖裸露休闲地上的土壤流失量之比，其值介于 0 与 1 之间，无单位（王丰，2014），是评价植被因素抵抗土壤侵蚀能力的重要指标。C 值主要与地表覆盖率、植被冠层类型、植被高度等因素有关。因此，本书需要综合考虑地面覆盖状况和不同土地利用类型，以获取 C 因子的数值（刘得俊 等，2006）。

植被覆盖与土壤侵蚀之间存在十分密切的关系（刘新华 等，2001）。一般，植被覆盖度越高，土壤侵蚀强度等级越低，土壤侵蚀程度越轻微；反之，植被覆盖度越低，土壤侵蚀强度等级越高，土壤侵蚀程度越严重。目前，有许多学者在计算土壤侵蚀时通过诸多方式获取了不同土地利用类型的 C 值（肖玉 等，2003；刘敏超 等，2005；赵磊 等，2007；傅世锋 等，2008；彭怡，2010）。当土地表面完全裸露时，C 值为 1；当土地表面得到良好的保护时，C 值为 0.001（才业锦，2010）。本书将不透水表面（包括道路、居民点与工矿用地）、裸地和水域的 C 值设为 1；耕地的 C 值根据王丰（2014）在万州区对不同农作物 C 值进行测定，不同农作物 C 值的平均值为 0.404；果园赋值 0.4；撂荒地和林地分别赋值 0.1 和 0.05。见表 5-18。

表 5-18　土壤保持模型 C 值

土地利用代码	土地利用类型	C 值
1	道路	1
2	耕地	0.404
3	果园	0.4
4	撂荒地	0.1
5	居民点与工矿用地	1
6	林地	0.05
7	裸地	1
8	水域	1

（3）评估结果

①模型校验

本书使用位于万州区长岭镇陈家沟的水文监测站点实测的年平均径流数据对 InVEST 土壤保持模型的模拟结果进行检验。通过 InVEST 模型计算得出的万州区陈家沟小流域平均潜在侵蚀量为 12.65 t /（hm^2·a），实际土壤侵蚀量平均为 1.27 t /（hm^2·a），因此求得陈家沟小流域全流域平均土壤保持量为 11.38 t /（hm^2·a）。本书使用位于陈家沟流域内的陈家大河、黑沟岭、杨家沟三个水文监测断面的年平均输沙量监测值，用以验证使用土壤保持模型模拟的产水量结果的准确性。结果显示，这三个监测断面中年输沙量相对误差均在 20% 以内，总体相对误差为 -4.90%，说明模拟结果较好，误差可接受（见表 5-19）。

表 5-19　土壤保持模型结果校验

监测断面	流域面积 /km^2	模型计算年输沙量 /t	实测多年平均年输沙量 /t	相对误差
陈家大河	6.02	425.87	369.75	-15.18%
黑沟岭	1.66	175.07	195.44	10.42%
杨家沟	0.59	38.89	15.30	13.09%
平均	2.76	213.28	193.50	-4.90%

②万州区小流域土壤保持

根据 InVEST 土壤保持模型计算得出 20 个小流域平均潜在土壤侵蚀量为 12.98 t /（hm^2·a），平均实际土壤侵蚀量为 1.10 t /（hm^2·a），平均土壤保持量为 11.88 t /（hm^2·a）（见表 5-20）。

表 5-20　典型小流域土壤保持功能

区域	流域名称	潜在土壤侵蚀量 /t·hm^{-2}·a^{-1}	实际土壤侵蚀量 /t·hm^{-2}·a^{-1}	土壤保持量 /t·hm^{-2}·a^{-1}	土壤保持率
近城区	陈家沟	12.65	1.27	11.38	89.96%
	万河	6.97	0.62	6.35	91.10%
中间区	东峡 I	14.58	0.54	14.04	96.30%
	东峡 II	15.51	1.25	14.26	92.00%
	泉水	12.34	1.36	10.98	89.05%
	沙滩	12.42	1.33	11.09	89.22%
	花石	17.55	1.28	16.27	92.71%
	太白溪	11.86	1.45	10.41	87.70%
	新石	11.38	0.64	10.74	94.38%
	石碾	11.06	1.39	9.67	87.35%
	石公	13.41	1.09	12.32	91.87%
远城区	普子	9.85	1.23	8.62	87.51%
	虎头	11.68	0.98	10.70	91.53%
	七曜	12.68	1.06	11.62	91.64%
	金福 I	16.20	0.72	15.48	95.56%
	金福 II	16.39	2.00	14.39	87.85%
	箭楼	19.80	1.48	18.32	92.53%
	太平	15.05	1.17	13.88	92.23%
	铁炉	7.00	0.42	6.58	94.00%
	余家	11.14	0.67	10.47	93.99%

　　若各流域范围内未发生撂荒现象，即将撂荒地均恢复为原本耕作的状态，其土壤保持功能将会如何变化？本书将 20 个小流域的土地利用数据中的撂荒地替换为耕地，使用 InVEST 土壤保持模型进行撂荒之前流域土壤保持服务的评价，用以分析撂荒前后土壤保持功能的差异。

　　撂荒前后潜在土壤侵蚀量差异很小，各流域平均减少 0.22%（见表 5-21），这主要取决于不同区域土壤颗粒组成和有机质的变化。而实际侵蚀量差异较大，撂荒之后各流域平均减少了 17.7% 的土壤侵蚀量（见表 5-22）。因此，发生撂荒后，土壤保持功能有所提升。

表 5-21　撂荒前后典型小流域潜在土壤保持量变化

区域	流域名称	撂荒之前潜在土壤侵蚀量 /t·hm⁻²·a⁻¹	撂荒之后潜在土壤侵蚀量 /t·hm⁻²·a⁻¹	撂荒前后变化
近城区	陈家沟	12.68	12.65	-0.24 %
	万河	6.98	6.97	-0.14 %
中间区	东峡 I	14.61	14.58	-0.21 %
	东峡 II	15.53	15.5	-0.19 %
	泉水	12.35	12.33	-0.16 %
	沙滩	12.45	12.43	-0.16 %
	花石	17.59	17.55	-0.23 %
	太白溪	11.89	11.87	-0.17 %
	新石	11.4	11.38	-0.18 %
	石碾	11.09	11.07	-0.18 %
	石公	13.44	13.41	-0.22 %
远城区	普子	9.87	9.85	-0.20 %
	虎头	11.71	11.69	-0.17 %
	七曜	12.71	12.68	-0.24 %
	金福 I	16.23	16.2	-0.18 %
	金福 II	16.41	16.38	-0.18 %
	箭楼	19.84	19.8	-0.20 %
	太平	15.08	15.05	-0.20 %
	铁炉	7.01	7	-0.14 %
	余家	11.16	11.14	-0.18 %

表 5-22　撂荒前后典型小流域实际土壤保持量变化

区域	流域名称	撂荒之前实际土壤侵蚀量 / t · hm^{-2} · a^{-1}	撂荒之后实际土壤侵蚀量 / t · hm^{-2} · a^{-1}	撂荒前后变化
近城区	陈家沟	1.49	1.27	−14.77%
	万河	0.77	0.62	−19.48%
中间区	东峡 I	0.57	0.54	−5.26%
	东峡 II	1.39	1.25	−10.07%
	泉水	1.51	1.36	−9.93%
	沙滩	1.48	1.33	−10.14%
	花石	1.43	1.28	−10.49%
	太白溪	1.6	1.45	−9.38%
	新石	0.75	0.64	−14.67%
	石碾	1.53	1.39	−9.15%
	石公	1.26	1.09	−13.49%
远城区	普子	1.31	1.23	−6.11%
	虎头	1.16	0.98	−15.52%
	七曜	1.11	1.06	−4.50%
	金福 I	0.81	0.72	−11.11%
	金福 II	2.29	2	−12.66%
	箭楼	1.6	1.48	−7.50%
	太平	1.3	1.17	−10.00%
	铁炉	0.55	0.42	−23.64%
	余家	0.79	0.67	−15.19%

3. 洪水缓解

缓解洪水功能是重要的生态系统服务功能。植被冠层、枯落物层和土壤层均可以通过拦截和蓄水起到拦截部分暴雨、延缓径流和消减洪峰的作用。不同的降雨强度和不同的持续时间最终导致的暴雨强度也不相同（刘德 等，1995），因此，评价减洪功能的关键是确定致洪暴雨的标准。

目前，对于暴雨的定义方法通常是直接采用气象部门的暴雨标准，即将日降雨量超过 50 mm 的降雨定义为致洪暴雨。如何计算暴雨条件下土壤层的蓄水量是计算区域洪水缓解量的关键。发生暴雨之后，土壤层基本可以达到饱和状态，因此可以将土壤的饱和持水量认为是缓解洪水的土壤最大蓄水量。

本书采用 SCS 曲线法，考虑植被减洪和土壤减洪两个方面，计算次暴雨条件下地表径流量，在不考虑降雨过程中蒸散发的前提下，利用水量平衡方程，将暴雨量与径流量的差值作为生态系统缓解洪水的水量。统计万州区 44 个气象站点多年平均的日降雨量大于 50 mm 的降雨量总数，以及日降雨量大于 50 mm 的天数，以年为单位进行累加平均计算，最后对整个万州区的暴雨数据进行空间插值，得出暴雨事件空间分布数据。

（1）模型原理

本书使用 SCS-CN 模型计算强降雨事件中坡面径流的产生量，以及流域洪水拦截能力，计算公式如下：

$$\begin{cases} Q=\dfrac{(P-0.2S)^2}{P+0.8S}, \ P \geqslant 0.2S \\ Q=0, \ P<0.2S \end{cases} \tag{5-26}$$

式中：

S——初损量，单位为 mm；

P——次降雨量，单位为 mm；

Q——径流量，单位为 mm。

S 可通过 CN 值进行计算，公式如下：

$$S=\frac{25400}{CN}-254 \tag{5-27}$$

式中：

CN——0～100 的系数，无量纲。CN 值与土地利用类型、土壤渗透性、土壤前期含水量及地形等因素有关。

最终的洪水缓解量计算公式如下：

$$Flood\_mit = (P - Q) \times storm\_day \qquad （5-28）$$

式中：

Flood_mit——洪水的缓解量，单位为 mm；

strom_day——年平均暴雨天数，单位为 d。

（2）模型使用数据与参数

①降水

SCS 曲线将日降水量超过 50 mm 的事件称为暴雨，因此本书将一年之中日降水量超过 50 mm 的天数（单位为 d）及超过 50 mm 的次降雨量（单位为mm）作为模型中的降水参数。

② CN 值

CN 的数值反映了流域前期土壤湿润程度，如表 5-23 所示，AMC_1、AMC_{II}、AMC_{III} 分别代表土壤干旱、平均、湿润三种状态，CN_1、CN_2、CN_3 分别为相应状态下的 CN 值（陈正维 等，2014），将不同的土地利用和土壤类型根据渗透性将土壤分为 A、B、C、D 四类（见表 5-24）地形因素的综合参数。

表 5-23 雨前土壤湿润程度分类

土壤水分状况	降雨前 5 天累积降雨量 / mm	
	植被生长期	其他时期
AMC$_I$（CN_1）	< 35.6	< 12.7
AMC$_{II}$（CN_2）	35.6 ～ 53.3	12.7 ～ 27.9
AMC$_{III}$（CN_3）	> 53.3	> 27.9

表 5-24 土壤类型划分

土壤类型	最小下渗率 / mm·h^{-1}	土壤质地
A	> 7.26	砂土、壤质砂土、砂质壤土
B	3.81 ～ 7.26	壤土、粉砂壤土
C	1.27 ～ 3.81	砂黏壤土
D	< 1.27	黏壤土、粉砂壤黏土、砂黏土、粉砂黏土

假设根据土壤前期湿润程度处于平均水平，通过查表得到 CN$_2$，则 CN$_1$ 和 CN$_3$ 的计算公式如下：

$$CN_1 = CN_2 - \frac{20 \times (100 - CN_2)}{100 - CN_2 + \exp[2.533 - 0.636 \times (100 - CN_2)]} \qquad （5\text{-}29）$$

$$CN_3 = CN_2 \times \exp[0.00673 \times (100 - CN_2)] \qquad （5\text{-}30）$$

其中，雨前土壤湿润状况是 SCS 模型应用的重要条件，一般分为干旱、平均湿润和湿润三种条件，对应三种 CN 值：CN$_1$、CN$_2$ 和 CN$_3$。由于暴雨基本发生在雨季，雨前的土壤含水量较高，本次评估采用的 CN 值应该属于湿润状态。

实际上大多数的应用是在平均湿润条件下，因此，首先根据土地利用确定 CN$_2$；其次由土壤水文分组确定不同土壤条件下的 CN$_1$；再次由含水量修正公式，确定 CN$_3$；最后考虑地形的修正。具体过程如下：

不透水面 CN 值不受土壤水文分组影响；从分组 A 到分组 D，CN 值增加的速率趋于增加。

从土地利用类型来看，水域和不透水面的 CN 值很大，容易确定，所以最重要的是区分林地、草地和耕地（旱地）。根据 *SCS* 推荐的手册，以及国内的研究资料，确定以 A 组为基准，林地一般在 25～40，草地 40～55，农地 55～70。

由于水域和不透水表面的 CN 值很大，较容易确定，因此需要重点区分林地、草地、耕地、撂荒地和裸地的 CN 值。根据万州区土壤和土地利用特性，查阅相关资料得到平均状态下不同土地利用类型的参数 CN 值，结合研究区土壤组成状况与实测降雨产流监测数据对 CN 值进行修正并进行了结果验证（马晓燕，2016），小流域内各土地利用类型土壤不同湿润程度下 CN 值如表 5-25 和表 5-26 所示。

表 5-25　各土地利用类型 CN 值

土地利用代码	土地利用类型	CN_1	CN_2	CN_3
1	道路	60	80	92
2	耕地	98	98	98
3	果园	77	95	98
4	撂荒地	98	98	98
5	居民点与工矿用地	98	98	98
6	林地	91	98	99
7	裸地	75	94	98
8	水域	50	70	86

表 5-26　SCS 模型各土地利用类型的 CN 取值

土地利用代码	土地利用类型	A	B	C	D
1	道路	98	98	98	98
2	耕地	65	75	80	82
3	果园	80	85	88	89
4	撂荒地	41	60	70	74
5	居民点与工矿用地	98	98	98	98
6	林地	54	70	79	86
7	裸地	60	74	82	89
8	水域	65	74	79	81

（3）评估结果

减洪量与洪水的发生受暴雨的时空分布限制，因此 20 个小流域平均减洪量差别较大。根据 SCS-CN 模型计算得到不同小流域洪水缓解量（见表5-27），20 个小流域撂荒前平均减洪量为 123.25 mm，将各小流域的撂荒地替换为耕地之后，使用 SCS-CN 模型计算得到不同小流域撂荒之前的洪水缓解量，结果显示撂荒增加了区域洪水的缓解量，撂荒后平均减洪量为 113.72 mm，撂荒后平均减洪量增加 8.41%，缓解功能显著增强。

表 5-27　典型小流域洪水缓解功能

区域	流域名称	撂荒后平均减洪量 / mm	撂荒前平均减洪量 / mm	变化比例
近城区	陈家沟	135.76	147.99	9.01%
	万河	91.16	98.92	8.51%
中间区	东峡 I	133.86	142.89	6.75%
	东峡 II	138.88	150.28	8.21%
	泉水	96.11	104.98	9.23%
	沙滩	114.26	124.71	9.15%
	花石	126.32	136.37	7.96%
	太白溪	76.9	84.33	9.66%
	新石	103.51	111.17	7.40%
	石碾	87.65	96.23	9.79%
	石公	88.53	95.82	8.23%
远城区	普子	83.52	91.66	9.75%
	虎头	89.2	96.64	8.34%
	七曜	151.61	164.21	8.31%
	金福 I	114.65	122.66	6.99%
	金福 II	170.17	186.59	9.65%
	箭楼	169.16	182.72	8.02%
	太平	151.69	164	8.12%
	铁炉	79.67	85.66	7.52%
	余家	71.83	77.23	7.52%

三、小结

受城镇化影响，2000—2015 年万州全区景观破碎程度总体呈上升趋势，建设用地和耕地受城镇化影响最为显著。虽然林地、草地和其他地类的斑块较为集中，但水域、建设用地和耕地的破碎化程度显著增加。在不同区域中，近城区受城镇化发展的影响最大，2000—2015 年近城区耕地的斑块数、平均斑块面积和斑块密度的变化幅度在所有区域中最大；中间区的景观格局受城镇化影响小于近城区，但大于远城区。

在农村地区，近城区破碎的程度最高，远城区破碎程度最低。耕地和林地的平均斑块面积均为近城区＜中间区＜远城区，边界密度均为近城区＞中间区＞远城区，说明这两种土地利用类型在近城区最为破碎而在远城区相对密集；撂荒地虽然平均斑块面积为近城区＜中间区＜远城区，但其边界密度同样为近城区＜中间区＜远城区，说明撂荒地在远城区的分布趋于分散，且斑块平均面积较大。

通过对农村地区的水源涵养、土壤保持和洪水缓解三种生态服务进行评估得出，随着撂荒现象的发生及撂荒程度的加剧，农村地区的生态服务功能明显增强。撂荒之后的产水量较撂荒之前平均增加3.09%。其中，近城区平均增加3.04%，中间区平均增加3.13%，远城区平均增加3.07%；撂荒前后潜在土壤侵蚀量差异很小，各流域平均减少0.22%，但实际侵蚀量则差异较大，撂荒后各流域平均减少了17.7%的土壤侵蚀量，土壤保持功能显著提升；撂荒之后减洪量平均增加8.41%，缓解功能显著增强。城镇化的发展提升了农村地区生态服务功能。

第六章　城镇化的环境效应

　　三峡库区城镇化背景下土地利用方式和强度发生明显变化，主要表现在耕地撂荒现象突出，同时耕地的集约化经营，特别是化肥和农药施用量大。因此，当前库区最突出的环境问题在于农业面源污染导致的水环境效应和耕地资源高度开发引起的土壤环境效应。根据前文的研究，库区撂荒现象已经十分普遍，部分乡镇撂荒耕地面积甚至达到30%以上。大量的耕地撂荒将造成库区宝贵土地资源的浪费，尽管撂荒地总体上可以降低水土流失量，但局部地区可能存在新的流失风险，不过对水环境和土壤环境的效应尚不清楚。另外，在库区有限的耕地上，农民通过不合理地增加复种指数、深度垦殖及化肥、农药投入来提高产量。库区施肥强度远高于全国平均水平，2014年库区化肥施用总量达 1.3×10^5 t，农药施用总量为615.4 t，肥料利用率低下，流失严重，导致塘库、河流水体污染严重。尽管推进了测土配方施肥、生态平衡施肥等的使用，却未将环境目标纳入施肥管理，无法满足库区水环境和土壤环境保护的要求。

一、水环境效应

1.河流系统的水环境效应

本书选择陈家沟小流域多年径流数据，对汛期小流域径流的氮、磷平均浓度进行监测，并重点分析乔家1号和乔家2号（耕地撂荒比例显著增加）自然坡面径流场的观测数据。由图6-1可见，2010—2014年，陈家沟流域径流中的氮、磷浓度总体呈下降趋势，氮浓度从2010年的3.67 mg/L下降至2014年的3.20 mg/L；磷浓度从2010年的0.23 mg/L下降至2014年的0.07 mg/L。

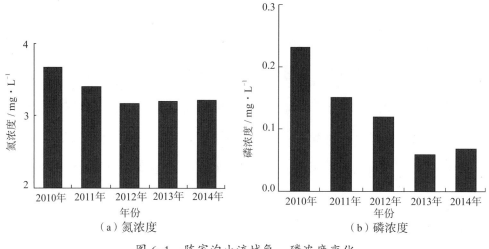

（a）氮浓度　　　　　　　　　　（b）磷浓度

图6-1　陈家沟小流域氮、磷浓度变化

（资料来源：笔者根据问卷调查得出）

截至2015年，陈家沟流域内撂荒比例约为31.75%。通过对村干部问卷调查的整理与分析，在2015年间撂荒的耕地有3.1 hm²，占撂荒地的2.18%；2013—2014年撂荒的耕地有7.4 hm²，占撂荒地的5.21%；2010—2013年撂荒的耕地有80.7 hm²，占撂荒地的56.79%；2005—2010年撂荒的耕地有27.4 hm²，占撂荒地的19.28%；2005年之前撂荒的耕地有23.5 hm²，占撂荒地的

16.54%。陈家沟的撂荒地一直处于增加的趋势，而随着撂荒地的增加，径流氮、磷平均浓度持续下降，撂荒对控制地表径流的氮、磷流失量起到了一定的作用。

陈家沟小流域内的乔家1号和乔家2号自然坡面径流场只有耕地分布，近年来撂荒比例持续增加，能够较好地反映撂荒对水环境的效应。本书选取该径流场多年监测数据，结合撂荒比例的实际调查情况，进一步揭示撂荒和径流水样中氮、磷浓度的变化关系。研究结果显示（见图6-2、图6-3），2008—2014年，乔家1号自然坡面撂荒比例由35%增加至80%，径流中氮浓度从2008年的2.65 mg/L下降至2014年的0.86 mg/L，磷浓度从2008年的0.24 mg/L下降至2014年的0.03 mg/L。乔家2号自然坡面撂荒比例由50%增加至90%，径流中氮浓度从2008年的2.69 mg/L下降至2014年的0.76 mg/L，磷浓度从2008年的0.22 mg/L下降至2014年的0.03 mg/L。由此可见，随着耕地撂荒比例的快速增加，径流中营养物质浓度持续降低。通过相关性分析表明，随着撂荒比例增加，径流中氮、磷浓度降低越显著，特别是撂荒比例达到50%后，其浓度值大幅下降。总体来看，耕地中撂荒比例每增加5%，氮浓度降低8.20%，磷浓度降低10.48%。

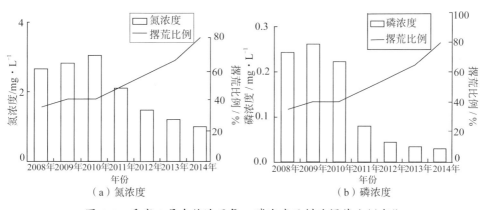

图6-2　乔家1号自然坡面氮、磷浓度及耕地撂荒比例变化

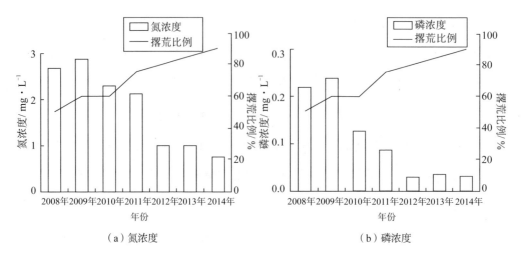

（a）氮浓度 （b）磷浓度

图 6-3 乔家 2 号自然坡面氮、磷浓度及耕地撂荒比例变化

陈家沟和自然坡面的数据显示，陈家沟小流域撂荒比例为 30% 左右，氮浓度降低 12.80%，磷浓度降低 69.56%，即氮素降低水平明显小于撂荒地对氮素的消减效应，这主要是由于库区施肥量普遍增加。调查结果表明，2010—2014 年陈家沟流域的单位面积施肥量由 1800 kg/hm^2 增加至 2325 kg/hm^2，短短 5 年的增幅约 29.17%。

2. 塘库系统的水环境效应

塘库是区域水环境的重要组成部分，作为径流水系节点，塘库对坡面径流的拦截能起到一定的作用，因此，山区塘库在农业面源污染控制方面具有显著的作用。三峡库区内拥有数量较多的塘库，马晓燕（2016）对三峡库区典型流域陈家沟塘库的数量进行统计，在 8.24 km^2 的流域内，拥有塘库 159 口，塘库总面积 0.12 km^2，占流域总面积的 1.46%。

城镇化的发展促进了区域的产业结构调整，部分传统农业发生转变，部分养殖业的规模逐渐扩大。相比种植业，水产养殖业能带来更大的经济效益

（张颖，2015）。《万州统计年鉴2015》显示，2000—2015年，渔业的生产总值不断增加，且占农林牧渔生产总值的比重也持续增加。2000年万州全区渔业生产总值为6444万元，占农林牧渔生产总值的比重为3.69%；2014年万州全区渔业生产总值为43063万元，所占比例为5.29%。

本书对陈家沟流域的塘库功能进行了调查，发现在159口塘库当中，有134口具有养殖功能，占塘库总数的84.28%。其中，2000年之前就具有养殖功能的塘库有19口，占养殖塘库总数的14.18%；2000—2010年转变为养殖塘库的有24口，占养殖塘库总数的17.91%；2010年以后有91口塘库转变为养殖型塘库，占养殖塘库总数的67.91%。

对陈家沟小流域的塘库进行水质监测，陈家沟小流域的塘库可分为养殖、灌溉、生活供给和废弃四种主要类型（马晓燕，2016）。其中，绝大部分塘库具有灌溉功能，废弃塘库个数很少，且位于海拔较高、人口密度低的区域。因此，流域内塘库的主要功能为养殖、灌溉和生活供给。研究选择10个塘库（养殖型7个，饮用型3个），每月对塘库氮、磷平均浓度进行监测，结果显示，养殖型塘库氮、磷含量显著高于饮用型塘库（见表6-1）。

表6-1　陈家沟小流域塘库总氮（TN）、总磷（TP）年平均含量　　　单位：mg/L

塘库编号	塘库功能	总氮（TN）	总磷（TP）
1	养殖	1.972	0.269
2	养殖	1.189	0.246
3	养殖	2.008	0.148
4	饮用	1.564	0.088
5	养殖	1.519	0.603
6	养殖	2.068	0.458
7	养殖	1.770	0.184
8	饮用	0.791	0.059
9	饮用	1.253	0.138
10	养殖	1.892	0.155

二、土壤环境效应

对城镇化发展背景下的劳动力转移规律和区域土地利用格局及其变化规律的分析结果表明，不同区域的农村劳动力转移显著改变了区域土地利用格局、土地利用方式和土地利用强度的特征（详见第四章）。而区域土地利用格局、土地利用方式和土地利用强度的差异，势必导致区域土壤环境发生相应的变化，主要体现在土壤物理性质和土壤化学性质两方面。

1. 土壤物理性质

土壤物理性质显著受区域土地利用类型和土地利用方式的控制。如李庆云等（2015）对黄土高原地区不同土地利用类型下的土壤物理性质的研究发现，土壤平均含水量、土壤平均容重和土壤孔隙度等物理性质均与土地利用类型高度相关。诸多研究也表明，不同土地利用方式下的土壤物理性质也显著不同（任婷婷 等，2014；宋丽萍 等，2015；李民义 等，2016）。土壤容重和土壤颗粒组成是反映土壤物理性质的重要指标。土壤容重和土壤颗粒组成的差异，一方面将直接影响生态系统的水土保持功能，另一方面将显著影响土壤对外部污染的消减能力。有研究表明，土壤的粘粒含量和砂粒含量将对土壤重金属元素达到平衡的时间产生显著影响（吴曼菊 等，2012），是影响不同类型土壤重金属迁移和修复效率的主导因素（樊广萍 等，2011）。

（1）土壤容重

土壤容重反映了土壤在单位体积内排列松紧的程度，是土壤最基本的物理性质之一，它可以直接影响土壤肥力的状况和植物根系的发育（刘波 等，2010）。人为因素对土壤容重有较大的影响。在农用地中，常年进行翻耕的土壤容重小于常年免翻的土壤（刘武仁 等，2008），随着植被自然恢复演替，总体呈现土壤孔隙度逐渐增大、土壤蓄水及持水能力提高的特征（赵世伟 等，2010）。

本书测得撂荒地的土壤容重在所有地类中最大（见表 6-2），平均 1.55g / cm³，高于耕地的 1.48g / cm³ 和果园的 1.45g / cm³，这与刘武仁等（2008）的研究结果一致。林地、耕地和果园的土壤容重均表现为远城区＜近城区＜中间区，这表明远城区的耕地、果园受到的翻耕扰动大于近城区和中间区，这与分析的劳动力转移的空间规律及土地利用的强度具有较好的一致性。撂荒地的土壤容重呈现出完全相反的规律，表现为远城区＞近城区＞中间区，主要体现出撂荒时间的差异性。远城区耕地撂荒的时间明显长于近城区和中间区，其不再受耕作扰动的时间较长，因此表现为上述空间差异特征。

表 6-2　不同区域土壤容重　　　　　　　　单位：g/cm³

区域	乡镇	林地	耕地	撂荒地	果园
近城区	长岭	1.26	1.39	1.45	1.35
	天城	1.47	1.53	1.58	1.48
中间区	分水	1.39	1.62	1.52	1.62
	长滩	1.39	1.56	1.72	1.49
	熊家	1.48	1.44	1.30	—
	燕山	1.50	1.44	1.36	—
远城区	长坪	1.36	1.56	1.85	1.58
	普子	1.33	1.40	1.43	1.41
	铁峰	1.82	1.38	1.90	1.37
	梨树	1.01	—	1.40	1.31

（2）土壤颗粒组成

作为土壤重要的物理特性之一，土壤的颗粒组成与土壤的持水能力、肥力状况和土壤侵蚀等高度相关（王德 等，2007；嵇慧萍 等，2016）。表 6-3

显示，万州区撂荒地的土壤颗粒相比耕地和果园较粗，撂荒地的平均砂粒含量为 25.7%，大于耕地的 18.7% 和果园的 21.7%。各地类的平均砂粒含量均表现为近城区＞中间区＞远城区。

表 6-3　不同区域土壤颗粒组成

区域	颗粒	林地	耕地	撂荒地	果园
近城区	粘粒	1.1%	3.72%	4.21%	2.42%
	粉粒	68.85%	64.18%	65.47%	60.21%
	砂粒	30.05%	32.1%	30.32%	37.37%
中间区	粘粒	3.64%	2.64%	3.03%	1.74%
	粉粒	85.94%	80.72%	75.11%	67.28%
	砂粒	10.42%	16.63%	23.39%	30.98%
远城区	粘粒	5.01%	3.28%	0.77%	1.93%
	粉粒	91.74%	89.85%	76.57%	80.32%
	砂粒	10.42%	6.87%	22.65%	17.75%

2. 土壤化学性质

（1）有机质

有机质是土壤肥力的很好体现，其数量和质量直接影响土壤生产力，可以作为评判土壤环境质量的一个标准。土壤有机质中的元素 N、P 等是土壤养分的重要来源，对土壤持水性能和供水性能及孔隙度和团聚度等物理性状有极其重要的影响。同时，有机质具有胶体性，能吸附阳离子，使土壤具有良好的保肥性和缓冲能力，能使土壤变得疏松，改善土壤结构。因此，土壤有机质的含量是表征土壤肥力高低的重要指标（闫建梅，2015）。

万州区的土壤有机质含量总体表现为林地＞撂荒地＞果园＞耕地（见

图 6-4），全区撂荒地土壤有机质的平均含量为 19.44 g/kg，大于耕地的 13.97 g/kg 和果园的 15.58 g/kg。耕地的撂荒提高了土壤的有机质含量，提高了土壤的自然肥力。各地类的土壤有机质含量均表现为近城区＜中间区＜远城区，这表明随着城镇化影响能力的减弱，土壤自然肥力呈增加的趋势。这可能主要与远城区的农事活动频繁有关，粪肥等有机肥的添加有利于土壤有机质的积累。

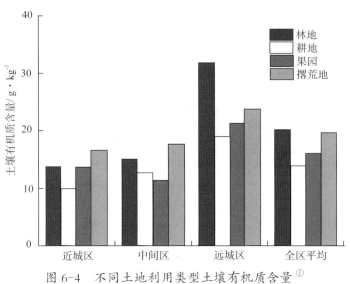

图 6-4 不同土地利用类型土壤有机质含量[①]

（2）全氮

万州区的土壤全氮含量总体表现为果园＞耕地＞林地＞撂荒地（见图 6-5），但不同地类之间的差异并不显著。全区撂荒地的土壤全氮平均含量为 1.22 g/kg，小于耕地的 1.28 g/kg 和果园的 1.29 g/kg。这表明耕地撂荒明显降低了土壤的全氮含量，增加了土壤氮流失的总量。从不同区域看，土壤全氮

---

① 数据来源：笔者根据实验数据测得。

含量整体表现为近城区＜中间区＜远城区，这与第四章分析得出的土地利用强度的空间格局具有较好的一致性，表明城镇化发展导致的土地利用强度格局影响了土壤氮素含量水平。

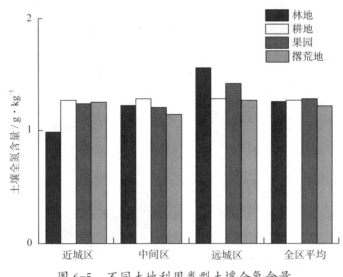

图 6-5　不同土地利用类型土壤全氮含量

（3）碱解氮

土壤碱解氮又称土壤有效氮，包括无机态氮和部分有机物质中易分解的、比较简单的有机态氮，它是氨态氮、硝态氮、氨基酸和易水解的蛋白质氮的总和，这部分氮能反映土壤近期的供氮水平。耕作方式是影响土壤碱解氮含量的重要因素之一（袁菊 等，2004）。因此，选用土壤碱解氮指标可以表征不同耕作方式对土壤供氮能力的影响。

图 6-6 显示，万州区土壤碱解氮含量总体表现为耕地＞果园＞撂荒地＞林地。全区撂荒地土壤碱解氮的平均含量为 53.0 mg/kg，小于耕地的 59.0 mg/kg 和果园的 57.8 mg/kg，表明耕地撂荒降低了土壤碱解氮的含量。

从不同区域看，除果园外，其余土地利用类型的土壤碱解氮的含量也整体表现为近城区＜中间区＜远城区，再次表明城镇化发展导致的土地利用强度格局显著影响了土壤氮素含量水平。农户调查结果发现，由于近城区更接近水果消费市场，农户发展水果种植业的积极性显著高于中间区和远城区，其对果园的管护和化肥的投入明显高于其他区域，这可能是导致果园土壤碱解氮含量随与中心城区距离增加而降低的重要原因。

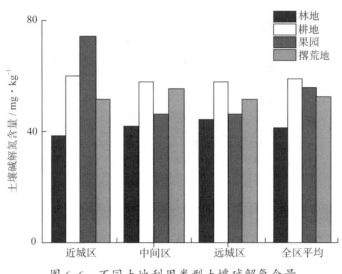

图 6-6　不同土地利用类型土壤碱解氮含量

（4）全磷

土壤的全磷含量即土壤中磷素的总贮藏量，是影响土壤肥力的重要因子之一。万州区土壤的全磷含量总体表现为果园＞耕地＞撂荒地＞林地（见图 6-7），其中耕地、果园和撂荒地三者差距较小，而林地的全磷含量与其他三种地类差距较大。全区撂荒地土壤的全磷平均含量为 536.9 mg/kg，小于耕地的 564.1 mg/kg 和果园的 584.7 mg/kg，表明耕地撂荒显著降低了土壤的全磷含量水平。不同地类的土壤全磷含量在空间格局上表现出不同的特征。

除林地外，其余地类整体上表现为近城区＞中间区＞远城区，这与第四章第二节分析得出的不同区域的磷肥施用量水平规律保持一致。这表明城镇化发展引起的土地利用投入强度的变化明显影响了土壤磷素的分布格局。

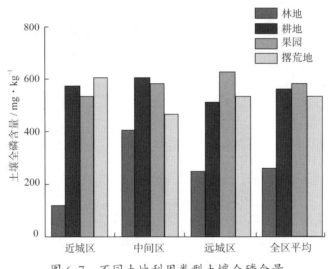

图 6-7　不同土地利用类型土壤全磷含量

（5）速效磷

土壤磷是影响土壤肥力的重要因子之一，其中的速效磷又是土壤磷素养分供给的主要指标，土壤中速效磷的多少在一定程度上可以说明土壤质量的高低，在实际应用中最为广泛。万州区土壤速效磷的含量总体表现为耕地＞果园＞摞荒地＞林地（见图 6-8）。全区摞荒地土壤速效磷的平均含量为10.3 mg/kg，小于耕地的 18.78 mg/kg 和果园的 14.0 mg/kg，摞荒降低了土壤速效磷的含量。与土壤全磷含量类似，除林地外，其余土地利用类型的土壤速效磷的含量总体上也表现出近城区＞中间区＞远城区的分布规律。这再次表明城镇化发展引起的土地利用投入强度的变化显著影响了土壤磷素的分布格局。磷元素含量超标是导致地表水体富营养化的重要原因。因此，三峡库区的农村环境整治工作需要重点关注近城区土壤的磷素含量水平，应当对该区域的农户加强科学施肥的指导，确保土壤磷素含量不超标。

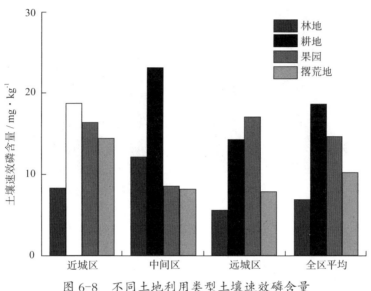

图 6-8　不同土地利用类型土壤速效磷含量

（6）全钾

钾是土壤中含量最高、植物吸收量最多的大量元素之一（崔德杰 等，2005），万州区不同土地利用类型中土壤全钾含量的差异并不显著（见图6-9）。各土地利用类型中土壤全钾的含量并没有显著的变化趋势，表明耕地摞荒对土壤全钾的变化作用并不显著。从不同区域看，各土地利用类型的土壤全钾含量整体表现为近城区＞中间区＞远城区。这主要与不同区域农户的施肥习惯有关。

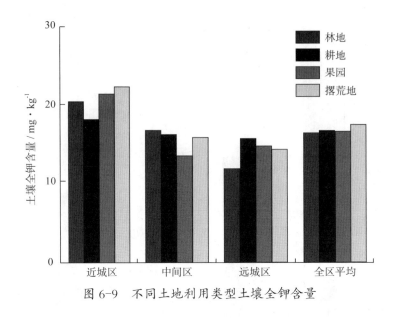

图 6-9　不同土地利用类型土壤全钾含量

（7）速效钾

速效钾可以直接被作物吸收利用，是反映钾肥肥效高低的重要标志，不同的耕作方式能够使土壤速效钾的供应水平产生不同的效果（王聪翔 等，2005）。万州区土壤速效钾的含量总体表现为耕地＞果园＞撂荒地＞林地（见图 6-10）。全区撂荒地土壤速效钾的平均含量为 102.9 mg/kg，小于耕地的 114.3 mg/kg 和果园的 108.3 mg/kg，表明耕地撂荒对降低土壤的速效钾含量有一定的作用。

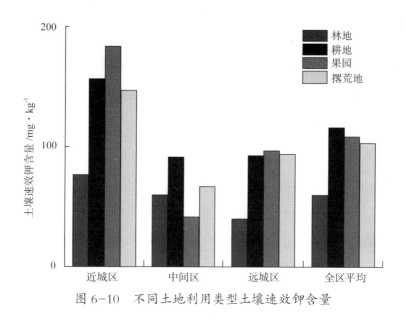

图 6-10　不同土地利用类型土壤速效钾含量

（8）重金属

人类在生产生活过程中将重金属带入土壤，致使土壤重金属含量明显高于原有含量，这种造成生态环境质量恶化的现象称为土壤重金属污染（张彩峰，2004）。土壤重金属污染危害极大，不仅会影响农作物的产量和质量，还通过食物链危害人类的健康，而且会导致大气环境和水环境的恶化。土壤重金属的来源主要有两种途径：一是土壤母质本身携带，由于土壤的母质本身含有一定数量的重金属，通过不同的母质形成的土壤之间重金属含量的差别很大；二是通过人类的工农业生产活动，通过大气、水体和土壤本身等渠道造成土壤的重金属污染（张彩峰，2004）。在农业生产的过程中施用大量含有重金属的农药及不合理施用化肥，都会导致土壤中重金属污染（鲁如坤 等，1992）。

对万州区土壤样品的分析结果表明，林地和撂荒地的平均重金属含量小于耕地和林地的平均重金属含量。林地的 Cr 含量平均为 43.67 mg/kg，耕地的 Cr 平均含量为 56.05 mg/kg，果园的 Cr 平均含量为 49.25 mg/kg，撂荒地的 Cr 平均含量为 48.61 mg/kg。总体而言，耕地的 Cr 含量最高，果园次之，撂荒地的 Cr 含量低于耕地和果园，林地的 Cr 含量最低（见表 6-4），表明耕地撂荒对降低土壤中 Cr 的含量水平具有一定的效果。各土地利用类型土壤中的 Pb 含量表现出与土壤 Cr 含量相似的规律，耕地和果园的 Pb 含量分别达到 48.08 mg/kg 和 31.61 mg/kg，远高于林地和撂荒地的 Pb 含量，撂荒地的 Pb 含量水平最低，表明耕地撂荒显著降低了土壤的 Pb 含量水平。土壤 Cd 的含量则是撂荒地最高，平均为 0.25 mg/kg；果园次之，为 0.22 mg/kg；耕地最低，为 0.17 mg/kg。

表 6-4　不同土地利用类型的土壤重金属含量　　单位：mg/kg

重金属元素	林地	耕地	果园	撂荒地
Cr	43.67	56.05	49.25	48.61
Cd	0.21	0.17	0.22	0.25
Pb	20.60	48.08	31.61	19.82

3. 典型小流域土壤理化性质对比

本书选择燕山乡东峡村小流域内的一个子流域，对流域内不同土地利用的土样进行对比分析。该子流域海拔自上而下分别为 I 林地、II 撂荒时间在 8 ～ 10 年的撂荒地、III 撂荒时间在 2 ～ 3 年的撂荒地和 IV 耕地。耕地离居民点最近，林地离居民点最远。

（1）地面信息

①林地

林地位于小流域的坡顶，主要树种为乔木，林下有较厚的枯落物层，图
6-11 为万州区典型的林地类型。

图 6-11　林地地面影像

②撂荒地（撂荒 10 年）

该撂荒地的地表已完全被旱本植物覆盖，并伴有灌丛生长（见图 6-12）。
该地块原为梯田，坡度约为 15°。该地块撂荒年限为 10 年，正在经历从草丛
向灌丛的演替。

图 6-12　撂荒地地面影像（撂荒 10 年）

③撂荒地（撂荒 3 年）

该撂荒地主要生长植物为草本植物，地表覆盖度接近 100%（见图 6-13）。该地块原为梯田，坡度约为 10°。该地块撂荒年限约为 3 年，正在经历从耕地向草地的演替。

图 6-13　撂荒地地面影像（撂荒 3 年）

④耕地

该耕地地块为坡底平地，靠近居民点，常年种植旱地作物（见图6-14）。进行土样采集时部分作物已经收割。

图 6-14　耕地地面影像

（2）土壤理化性质

通过对东峡村小流域内四种不同土地利用类型的土壤理化性质进行对比发现，在同一区域内，随着撂荒年限的增加，土壤理化性质随之变化（见表6-5）。土壤容重总体呈增加趋势，随着耕作强度的减小，对土地的翻动次数减少，使土壤密度逐渐增大；耕地撂荒使有机质含量有所增加；氮素、磷素和钾素则随着撂荒年限的增加含量持续降低；重金属的含量总体也呈下降趋势。

表 6-5　东峡村小流域不同土地利用类型土壤理化性质对比

指标	I	II	III	IV
容重 / g·cm^{-3}	1.42	1.43	1.43	1.39
有机质 / g·kg^{-1}	19.67	17.57	19.21	14.31
全氮 / g·kg^{-1}	1.20	1.10	1.33	1.56
碱解氮 / mg·kg^{-1}	60.37	61.74	90.55	68.60
全磷 / mg·kg^{-1}	561.92	373.51	442.97	697.29
速效磷 / mg·kg^{-1}	26.72	10.23	11.74	43.98
全钾 / g·kg^{-1}	8.33	6.37	7.32	8.73
速效钾 / mg·kg^{-1}	60.00	40.00	65.00	140.00
Cr / mg·kg^{-1}	52.78	43.12	46.38	47.90
Cd / mg·kg^{-1}	0.22	0.19	0.27	0.27
Pb / mg·kg^{-1}	9.90	10.51	15.36	12.98

三、小结

城镇化的发展使农村区域耕地大面积撂荒，通过对农村地区进行环境监测发现，农村环境总体呈现好转的趋势，但仍有新问题存在。

河流断面监测结果显示，随着撂荒比例的增加，水体的氮、磷浓度逐渐降低。总体来看，耕地中撂荒比例每增加 5%，氮浓度降低 8.20%，磷浓度降低 10.48%。但是，城镇化发展的同时也促进了水产养殖业的发展，陈家沟流域自 2010 年以来，有 91 口塘库转变为养殖型塘库，占现有养殖塘库总数的 67.91%。养殖型塘库的氮、磷含量显著高于饮用型塘库，对区域水环境造成了污染。

耕地的撂荒使土壤理化性质发生改变。总体而言，撂荒使土地利用方式和强度发生改变，造成土壤容重的增大和土壤颗粒的粗化；随着撂荒年限的增加，氮素、磷素和钾素的含量总体呈减少趋势，重金属含量也呈下降趋势。

第七章　结论与不足

一、结论

笔者通过问卷的方式对万州区典型村的村干部和部分农户进行调查，获取区域耕作方式、撂荒及人口的信息；通过卫星影像与无人机航拍影像，提取区域土地利用信息；通过划分近城区、中间区和远城区，分析不同区域的劳动力转移特点和农村土地利用，尤其是撂荒地的分布格局及变化规律。使用本地化的实验数据通过模型对不同区域的水源涵养、土壤保持和洪水缓解等生态服务功能进行评估，评价区域城镇化的生态效应；通过对典型流域断面的水质分析和土壤样品的实验分析，评价区域城镇化的环境效应。本书的主要结论如下。

（1）万州区城镇化发展迅速

2000—2015年万州区城镇化率从36.3%增加至62.36%，增幅71.79%，同时建成区面积扩张4.02倍，全区建设用地面积增长4.56倍。通过问卷调查发现，有48.20%的人口一年之中的较大部分时间在外进行务工等行为活动，常年转移至省外、重庆其他区县、万州主城区、万州其他乡镇和本地乡镇的比例分别占总人数的24.92%、5.72%、10.05%、0.94%和6.56%，外省和万州主城区是劳动力最主要的转移地点。在乡镇尺度，随着与人口聚集中心（万州建成区）距离的增加，劳动力转移的比例随之降低。其中，转移至万州主城区的人口主要来自近城区，近城区平均有 14.16% 的劳动力转移至万州建成区，远高于中间区和远城区；中间区平均有 31.3% 的劳动力转移至外省市，高于近城区和远城区的转移比例。

（2）城镇化带来了土地利用的剧烈变化

变化主要表现为建设用地的增加和耕地的减少，同时土地利用方式和强度也发生了较大的变化。

2000—2015 年，万州区最为主要的土地利用变化类型是耕地和林地转变为建设用地，以及农村耕地的撂荒。不同区域发生转变的强度也有所不同，变化强度表现为近城区＞中间区＞远城区。近城区耕地减少面积占近城区面积的 5.79%，大于中间区的 4.38% 和远城区的 4.03%；近城区建设用地增加面积占近城区面积的 5.46%，明显高于中间区的 3.35% 和远城区的 1.64%。林地、耕地和撂荒地是万州农村地区主要的土地利用类型。在 20 个典型小流域内，耕地和林地分别占 32.51% 和 41.45%，撂荒地占 15.05%，平均撂荒比例为 30.38%。总体而言，撂荒比例呈现近城区＜中间区＜远城区。不同区域土地利用强度也有所不同，中间区的平均耕地复种指数最高，近城区次之，远城区最低；随着与中心城区距离的增加，化肥用量呈明显减少的趋势，而农家肥用量呈明显增加的趋势。劳动力转移是影响耕地撂荒的重要因素，其中劳动力转移的去向和撂荒状况显示出较好的相关性，转移至较远地区的劳动力比例对该区域撂荒具有重要的影响。当劳动力大量转移至较远的区域，当地的撂荒风险就会增大，而劳动力就近转移可以降低撂荒的风险。此外，土地流转有效缓解了耕地撂荒，特别是在偏远地区。大规模的耕地流转可以改变耕作方式、耕作强度和农田管理模式，甚至影响当地劳动力的转移。

（3）城镇化使万州区的景观格局趋于破碎

2000—2015 年，万州区不同景观类型均受到不同程度的干扰。总体而言，在全区尺度，受到干扰强度最大的是耕地和建设用地。其中，近城区受到的干扰强度最大，中间区受到的干扰强度小于近城区，但大于远城区。在流域尺度，近城区破碎的程度最高，远城区最低。耕地撂荒之后的生态服务发生了较大变化，产水量、土壤保持量和洪水缓解量均得到不同程度的提升。其中，产水量平均增加 2.99%；潜在土壤侵蚀量各流域平均减少 0.22%，实际土壤侵蚀量各流域平均减少 17.7%；减洪量平均增加 8.41%，提升程度表现为中间区＞近城区＞远城区。

（4）农村环境的好转和新问题

随着近年来流域撂荒比例持续增加，流域地表径流的氮、磷浓度持续下降，特别是撂荒比例达到 50% 后，其浓度值大幅降低。耕地中撂荒比例每增加 5%，氮浓度降低 8.20%，磷浓度降低 10.48%。但城镇化的发展促进了水产养殖业的发展，近几年来养殖型的塘库大量涌现，使流域塘库氮磷含量增加。撂荒导致区域土壤理化性质发生改变，各地类的平均砂粒含量均表现为近城区＞中间区＞远城区，表明随着城镇化影响能力的减弱，土壤颗粒呈明显细化的趋势。撂荒对控制径流的氮磷流失起到了一定的作用，同时增加了土壤的容重，粗化了土壤机械组成。万州区撂荒地的平均土壤容重为 1.55 g/cm^3，大于耕地和果园的平均土壤容重；万州区撂荒地的平均土壤砂粒含量为 25.7%，颗粒相比耕地和果园较粗。撂荒使土壤的有机质含量升高，同时使氮素、磷素和钾素的含量有所下降，撂荒地的土壤重金属含量较耕地和果园也有明显的下降。

二、讨论与研究不足

1. 讨论

城镇化的发展使农村广大地区出现了土地撂荒现象，它是城镇化发展到一定程度出现的必然现象。本书对农村地区的土地利用变化进行了研究，主要分析了撂荒地的空间分布格局及变化状况。万州区耕地撂荒问题较为严重，在调查的 69 个村庄中撂荒比例超过了 30%，部分村庄撂荒比例接近 50%。虽然撂荒改变了农村原有的土地利用格局，使耕地功能发生转变，粮食生产受到影响，但是撂荒也在一定程度上使区域的生态环境有所好转，如区域土壤污染降低、生态服务功能提高等。随着区域城镇化的继续发展，农村劳动力可能进一步减少，使土地撂荒现象进一步加剧，但是通过加强本地城镇化建设及促进土地流转可以有效缓解撂荒现象。建议政府重视土地撂荒问题，针对不同区域实施相应土地流转和保护政策，促进土地利用格局的合理化。

2. 研究不足

本书对万州区城镇化过程中劳动力转移和土地利用变化进行分析，并评估了城镇化过程的生态环境效应，阐述了城镇化带来的影响，但仍然存在不足，需要在下一步研究中加以完善。

（1）本书分别从乡镇尺度和村庄尺度研究了万州区劳动力转移与撂荒的空间格局，得出了劳动力转移和撂荒分布随与人口聚集中心不同距离而变化的结论，但未能深入进行定量分析。此外，对于城镇化对耕地撂荒的影响仅考虑了劳动力转移的因素，虽然劳动力的缺失是撂荒最直接的原因，但仍有其他因素对区域的撂荒产生影响，如政策的变化和野生动物的干扰等，本书未能深入考虑其他因素。在下一步研究中应加以考虑。

（2）本书在问卷调查和无人机航拍的过程中，主要在东、西、南、北四条主干道路进行沿途乡镇调查点的选择，在乡镇范围内则沿乡道、村道进行调查点的选择。研究结果主要是探讨与人口聚集中心距离不同撂荒和劳动力转移分布格局的变化趋势。在下一步研究中，可以考虑距离的因素，建立距离与劳动力转移和撂荒程度的相互关系。对于远离主干道路的区域，虽然没有进行调查，但对于实现"村村通公路"的万州地区其撂荒和劳动力转移分布趋势仍然存在，这对本书根据距离不同而区分的近、中、远区域的研究结果不会造成太大的影响。

（3）在进行生态服务计算时，本书只考虑撂荒前后的生态服务变化，并未考虑其他土地利用类型和地形的变化。在城镇化过程中，虽然农村地区最显著的土地利用变化是耕地转变为撂荒地，但其他土地利用类型也会有不同程度的改变，如道路面积的增加和林地面积的变化等。同时，在耕地撂荒的过程中，由于缺乏管理与维护，梯田田坎很有可能发生垮塌，逐渐转变为坡地，从而使地形发生改变，影响区域的土壤侵蚀过程等。因此，本书的方法仍可进行改进，将其他土地利用类型的变化考虑在内，以得出更为准确的结果。

参考文献

白南生，李靖，2008. 城市化与中国农村劳动力流动问题研究［J］.中国人口科学（4）：2-10，95.

才业锦，2010. 重庆市水土保持措施效应及小流域治理范式评价［D］.重庆：西南大学.

蔡昉，2007. 中国流动人口问题［M］.北京：社会科学文献出版社.

陈风琴，石辉，2005. 缙云山常绿阔叶林土壤大孔隙与入渗性能关系初探［J］.西南师范大学学报（自然科学版），30（2）：350-353.

陈丽霞，2014. 城镇化背景下洛阳建成区扩张与耕地动态变化研究［D］.郑州：郑州大学.

陈世发，刘文，2013. 基于PRA的农户行为与水土流失耦合关系研究：以粤北岩溶山区为例［J］.水土保持研究，20（2）：254-258.

陈正维，刘兴年，朱波，2014. 基于SCS-CN模型的紫色土坡地径流预测［J］.农业工程学报，30（7）：72-81.

陈忠暖，江锦，曾舜英，2016. 城镇化与区际交通协调发展关系研究：基于广东省21个地级市的分析［J］.地域研究与开发，35（6）：54-60.

崔德杰，刘永辉，隋方功，等，2005. 长期定位施肥对土壤钾素形态的影响

〔J〕.莱阳农学院学报，22（3）：165-167，174.

丁喜芬，2014.西北民族地区城镇化进程中农地撂荒问题研究〔D〕.宁夏：宁
夏大学.

樊广萍，仓龙，周东美，等，2011.土壤性质对铜-芘复合污染土壤电动:氧
化修复的影响研究〔J〕.环境科学，32（11）：3435-3439.

方创琳，周成虎，顾朝林，等，2016.特大城市群地区城镇化与生态环境交互
耦合效应解析的理论框架及技术路径〔J〕.地理学报，71（4）：531-550.

方晓霞，2015.郑州市县（市）域公路交通与城镇化协调发展研究〔D〕.郑州：
河南大学.

傅斌，徐佩，王玉宽，等，2013.都江堰市水源涵养功能空间格局〔J〕.生态
学报，33（3）：789-797.

傅世锋，查轩，2008.基于 GIS 和 USLE 的东圳库区土壤侵蚀量预测研究〔J〕.
地球信息科学，10（3）：390-395.

甘联君，2008.三峡库区人口迁移与城市化发展互动机制研究〔D〕.重庆：重
庆大学.

高亚明，2004.农村劳动力转移研究:兼论江苏省镇江市农村劳动力转移〔D〕.
南京：南京农业大学.

郭欢欢，郑财贵，牛德利，等，2014.不同情景下的人口迁移及其对农村土地
利用影响研究：以重庆市为例〔J〕.长江流域资源与环境，23（7）：905-
910.

韩锦愈，2007.西部农村劳动力转移去向问题研究：基于成本收益比较方法的
转移方式选择〔D〕.兰州：兰州大学.

何红艳，郭志华，肖文发，2005.降水空间插值技术的研究进展〔J〕.生态学

杂志，24（10）：1187-1191.

胡胜，曹明明，刘琪，等，2014.不同视角下 InVEST 模型的土壤保持功能对比［J］.地理研究，33（12）：2393-2406.

黄刚，赵学勇，苏延桂，2007.科尔沁沙地 3 种草本植物根系生长动态［J］.植物生态学报，31（6）：1161-1167.

黄金川，方创琳，2003.城市化与生态环境交互耦合机制与规律性分析［J］.地理研究，22（2）：211-220.

黄炎和，卢程隆，1993.通用土壤流失方程在我国的应用研究进展［J］.福建农学院学报，22（1）：73-77.

嵇慧萍，韦杰，2016.紫色土小流域三种土地利用类型土壤颗粒特征［J］.灌溉排水学报，35（3）：95-99.

蒋建东，宋红波，2015.三峡库区城镇化发展状况及应对策略［J］.人民长江，46（19）：67-70.

李冰，刘镕源，刘素红，等，2012.基于低空无人机遥感的冬小麦覆盖度变化监测［J］.农业工程学报，28（13）：160-165.

李曼曼，2013.城镇化进程中人口迁移问题研究［D］.郑州：河南农业大学.

李民义，张建军，王春香，等，2013.晋西黄土区不同土地利用方式对土壤物理性质的影响［J］.水土保持学报，27（3）：125-130，137.

李鹏，李占斌，澹台湛，2005.黄土高原退耕草地植被根系动态分布特征［J］.应用生态学报，16（5）：849-853.

李庆云，余新晓，信忠保，等，2010.黄土高原典型流域不同土地利用类型土壤物理性质分析［J］.水土保持研究，17（6）：106-110，114.

李升发，李秀彬，2016.耕地撂荒研究进展与展望［J］.地理学报，71（3）：

370-389.

李秀彬, 2008. 农地利用变化假说与相关的环境效应命题［J］. 地球科学进展, 23（11）: 1123-1129.

李秀全, 陈竹安, 张立亭, 2016. 基于 Agisoft PhotoScan 的无人机影像快速拼接在新农村规划中的应用［J］. 湖北农业科学, 55（3）: 743-745.

李永强, 赵萌莉, 韩国栋, 等, 2012. 不同年限草原撂荒地土壤理化特性研究［J］. 中国草地学报, 34（3）: 61-64, 69.

李赞红, 阎建忠, 花晓波, 等, 2014. 不同类型农户撂荒及其影响因素研究: 以重庆市 12 个典型村为例［J］. 地理研究, 33（4）: 721-734.

梁流涛, 曲福田, 诸培新, 等, 2008. 不同兼业类型农户的土地利用行为和效率分析: 基于经济发达地区的实证研究［J］. 资源科学, 30（10）: 1525-1532.

梁流涛, 翟彬, 2015. 基于 PRA 和 LCA 方法的农户土地利用行为环境效应评价: 以河南省传统农区为例［J］. 中国土地科学, 29（5）: 84-92.

梁振民, 2010. 重庆三峡库区城镇化发展道路研究［D］. 重庆: 重庆师范大学.

蔺雪芹, 王岱, 任旺兵, 等, 2013. 中国城镇化对经济发展的作用机制［J］. 地理研究, 32（4）: 691-700.

刘波, 吴礼树, 鲁剑巍, 等, 2010. 不同耕作方式对土壤理化性质影响研究进展［J］. 耕作与栽培（2）: 55-58, 65.

刘成武, 李秀彬, 2005. 农地边际化的表现特征及其诊断标准［J］. 地理科学进展, 24（2）: 106-113.

刘得俊, 李润杰, 王文卿, 等, 2006. 基于地理信息系统的西宁市土壤侵蚀监测的实现［J］. 水土保持研究, 13（5）: 111-113, 116.

刘德，余惠雯，1995. 川东洪水和致洪暴雨分析预报 [J]. 四川气象，15（4）：5-7.

刘晶淼，安顺清，廖荣伟，等，2009. 玉米根系在土壤剖面中的分布研究 [J]. 中国生态农业学报，17（3）：517-521.

刘敏超，李迪强，温琰茂，等，2005. 三江源地区土壤保持功能空间分析及其价值评估 [J]. 中国环境科学，25（5）：627-631.

刘武仁，郑金玉，罗洋，等，2008. 玉米留高茬少、免耕对土壤环境的影响 [J]. 玉米科学，16（4）：123-126.

刘新华，杨勤科，汤国安，2001. 中国地形起伏度的提取及在水土流失定量评价中的应用 [J]. 水土保持通报，21（1）：57-59.

刘新卫，张定祥，陈百明，2008. 快速城镇化过程中的中国城镇土地利用特征 [J]. 地理学报，63（3）：301-310.

刘颜畅，2014. 基于粮食安全的三峡库区耕地产能提升潜力研究：以重庆市万州区为例 [D]. 重庆：西南大学.

卢向虎，朱淑芳，张正河，2006. 中国农村人口城乡迁移规模的实证分析 [J]. 中国农村经济（1）：35-41.

鲁如坤，时正元，熊礼明，1992. 我国磷矿磷肥中镉的含量及其对生态环境影响的评价 [J]. 土壤学报，29（2）：150-157.

罗小龙，田冬，杨效忠，2016. 快速城市化进程中的人口流出地乡村社会变迁研究：对山西省中部地区的实证研究 [J]. 地理科学，32（10）：1209-1213.

马丹，刘曙光，陈雯虹，2016. 城镇化背景下基于时序 TM/NDVI 的建成区检测方法：以福州市为例 [J]. 土木建筑与环境工程，38（1）：129-134.

马晓燕, 2016. 三峡库区堰塘水服务功能研究: 以陈家沟小流域为例 [D]. 北京: 中国科学院大学.

马智利, 钟俊彬, 2007. 重庆三峡库区城镇化发展研究 [J]. 特区经济 (10): 206-207.

牟文琴, 白慧, 程莉, 等, 2015. 三峡库区城镇化、工业化与经济增长研究 [J]. 重庆三峡学院学报, 31 (6): 1-7.

欧阳进良, 宋春梅, 宇振荣, 等, 2004. 黄淮海平原农区不同类型农户的土地利用方式选择及其环境影响: 以河北省曲周县为例 [J]. 自然资源学报, 19 (1): 1-11.

彭建, 王仰麟, 张源, 等, 2004. 滇西北生态脆弱区土地利用变化及其生态效应: 以云南省永胜县为例 [J]. 地理学报, 59 (4): 629-638.

彭怡, 2010. InVEST 模型在生态系统服务功能评估中的应用研究: 以四川汶川地震灾区为例 [D]. 北京: 中国科学院大学.

秦丽杰, 张郁, 许红梅, 等, 2002. 土地利用变化的生态环境效应研究: 以前郭县为例 [J]. 地理科学, 22 (4): 508-512.

任婷婷, 王瑄, 孙雪彤, 等, 2014. 不同土地利用方式土壤物理性质特征分析 [J]. 水土保持学报, 28 (2): 123-126.

邵景安, 张仕超, 李秀彬, 2014. 山区耕地边际化特征及其动因与政策含义 [J]. 地理学报, 69 (2): 227-242.

邵景安, 张仕超, 李秀彬, 2015. 山区土地流转对缓解耕地撂荒的作用 [J]. 地理学报, 70 (4): 636-649.

史铁丑, 徐晓红, 2016. 重庆市典型县撂荒耕地图斑的提取与验证 [J]. 农业工程学报, 32 (24): 261-267.

司马文妮,2011.中国城市化进程中的土地利用问题研究:以甘肃省为例［D］.
　　咸阳:西北农林科技大学.

宋丽萍,罗珠珠,李玲玲,等,2015.陇中黄土高原半干旱区苜蓿:作物轮作
　　对土壤物理性质的影响［J］.草业学报,24(7):12-20.

田玉军,李秀彬,陈瑜琦,等,2010.城乡劳动力流动及其对农地利用影响研
　　究评述［J］.自然资源学报,25(4):686-695.

王爱华,2015.英国农村劳动力转移及其对中国的启示［J］.世界农业(1):
　　52-57.

王成,蒋福霞,王利平,等,2013.不同后顾生计来源农户的耕地生产投资行
　　为研究:重庆市白林村471户农户调查实证［J］.中国土地科学,27(9):
　　19-25.

王聪翔,闻杰,孙文涛,等,2005.不同保护性耕作方式土壤酶动态变化的研
　　究初报［J］.辽宁农业科学(6):16-18.

王德,傅伯杰,陈利顶,等,2007.不同土地利用类型下土壤粒径分形分析:
　　以黄土丘陵沟壑区为例［J］.生态学报,27(7):3081-3089.

王丰,2014.三峡库区紫色土侵蚀特征及作物覆盖与管理因子的季节性变化研
　　究［D］.北京:中国科学院大学.

王军,何云,胡啸,等,2015.农村城镇化进程中的主要环境问题及其对策探
　　讨［J］.中国人口·资源与环境,25(S1):184-186.

王利民,刘佳,杨玲波,等,2013.基于无人机影像的农情遥感监测应用［J］.
　　农业工程学报,29(18):136-145.

魏立强,2003.城市化带来的环境问题［J］.长春大学学报,13(6):30-32.

翁贞林,2008.农户理论与应用研究进展与述评［J］.农业经济问题(8):

93-100.

吴曼，徐明岗，张文菊，等，2012. 土壤性质对单一及复合污染下外源镉稳定化过程的影响［J］. 环境科学，33（7）：2503-2509.

肖玉，谢高地，安凯，2003. 青藏高原生态系统土壤保持功能及其价值［J］. 生态学报，23（11）：2367-2378.

熊丹，2013. 不同退耕年限撂荒地植物特征及农林交错带宽度变化［D］. 昆明：云南大学.

熊祥强，沈燕，廖和平，2006. 农村土地抛荒问题的调查与分析：以重庆市忠县三汇镇为例［J］. 安徽农业科学，34（11）：2536-2538.

徐莉，2010. 城市化进程中如何解决农地抛荒问题：以四川省为例［J］. 农村经济（3）：21-24.

徐天献，王玉宽，傅斌，2010. 四川省降水空间分布的插值分析［J］. 人民长江，41（10）：9-12.

闫建梅，2015. 川中丘陵区小流域不同治理模式对土壤理化性状的影响研究［D］. 重庆：西南大学.

阎建忠，卓仁贵，谢德体，等，2010. 不同生计类型农户的土地利用：三峡库区典型村的实证研究［J］. 地理学报，65（11）：1401-1410.

杨维鸽，陈海，杨明楠，等，2010. 基于多层次模型的农户土地利用决策影响因素分析：以陕西省米脂县高西沟村为例［J］. 自然资源学报，25（4）：646-656.

杨占鹤，2013. 重庆市城镇化与农村劳动力转移关系探究［D］. 重庆：重庆大学.

于全魁，凌源，2013. 我国城市化带来的问题及应对措施［J］. 河南科技（5）：200.

余兆武，郭青海，曾瑜皙，等，2015. 城镇化过程土地利用变化及效应研究进展 ［J］. 生态科学，34（6）：193-200.

喻永红，2014. 退耕还林可持续性研究：以重庆万州为例 ［D］. 杭州：浙江大学.

袁菊，刘元生，何腾兵，2004. 贵州喀斯特生态脆弱区土壤质量退化分析 ［J］. 山地农业生物学报，23（3）：230-233.

岳正华，2004. 农村城镇化产生的生态环境危害及成因分析 ［J］. 农村经济（8）：73-75.

曾凡海，张勇，张晟，等，2011. 基于 RS 与 GIS 的三峡库区万州区近 22 年土地利用变化 ［J］. 三峡环境与生态，33（3）：43-46.

张佰林，杨庆媛，严燕，等，2011. 快速城镇化进程中不同类型农户弃耕特点及原因：基于重庆市十区县 540 户农业调查 ［J］. 资源科学，33（11）：2047-2054.

张彩峰，2004. 南京市不同功能区土壤重金属污染状况及吸附特征 ［D］. 南京：南京林业大学.

张建强，2007. 西部欠发达山区劳动力转移去向研究：以礼县为例 ［J］. 安徽农业科学，35（30）：9776-9777.

张一平，王馨，刘文杰，2004. 热带森林林冠对降水再分配作用的研究综述 ［J］. 福建林学院学报，24（3）：274-282.

张英，李秀彬，宋伟，等，2014. 重庆市武隆县农地流转下农业劳动力对耕地撂荒的不同尺度影响 ［J］. 地理科学进展，33（4）：552-560.

张颖，2015. 耕地水产养殖化流转风险识别与评价研究：以江苏省 A 镇为例 ［D］. 上海：华东理工大学.

章文波，付金生，2003. 不同类型雨量资料估算降雨侵蚀力 ［J］. 资源科学，

25（1）：35-41.

赵磊，袁国林，张琰，等，2007.基于 GIS 和 USLE 模型对滇池宝象河流域土壤侵蚀量的研究［J］.水土保持通报，27（3）：42-46.

赵世伟，赵勇钢，吴金水，2010.黄土高原植被演替下土壤孔隙的定量分析［J］.中国科学：地球科学，40（2）：223-231.

赵云景，龚绪才，杜文俊，等，2015.PhotoScan Pro 软件在无人机应急航摄中的应用［J］.国土资源遥感，27（4）：179-182.

郑财贵，邱道持，叶公强，等，2010.基于 GIS 空间分析的撂荒地空间分布特征研究：以重庆市璧山县大路镇为例［J］.农机化研究，32（3）：31-36.

周丽娟，2013.农户耕地撂荒影响因素研究：基于宜宾市南溪区的调查［D］.成都：四川农业大学.

周青，黄贤金，濮励杰，等，2004.快速城镇化农村区域土地利用变化及驱动机制研究：以江苏省原锡山市为例［J］.资源科学，26（1）：22-30.

朱璠，2012.农村劳动转移耕地撂荒的影响研究：基于对信阳市浉河区的调查［D］.成都：四川农业大学.

朱莉芬，黄季焜，2007.城镇化对耕地影响的研究［J］.经济研究（2）：137-145.

朱秀端，唐松青，2005.香根草生态学特性及其在闽北的应用［J］.亚热带水土保持，17（2）：21-22.

邹秀萍，齐清文，徐增让，等，2005.怒江流域土地利用/覆被变化及其景观生态效应分析［J］.水土保持学报，19（5）：147-151.

左丽君，张增祥，董婷婷，等，2009.耕地复种指数研究的国内外进展［J］.自然资源学报，24（3）：553-560.

AIDE T M, GRAU H R, 2004. Ecology: Globalization, migration, and Latin American ecosystems[J]. Science, 305(5692): 1915-1916.

ALCANTARA C, KUEMMERLE T, BAUMANN M, et al., 2013. Mapping the extent of abandoned farmland in Central and Eastern Europe using MODIS time series satellite data [J]. Environmental Research Letters, 8 (3): 1345-1346.

ALCANTARA C, KUEMMERLE T, PRISHCHEPOV A V, et al., 2012. Mapping abandoned agriculture with multi-temporal MODIS satellite data [J]. Remote Sensing of Environment, 124(2): 334-347.

BURGI M, TURNER M G, 2002. Factors and processes shaping land cover and land cover changes along the Wisconsin River[J]. Ecosystems, 5 (2): 184-201.

BUDYKO M I, 1974. Climate and Life [M]. New York: Academic Press.

CANADELL J, JACKSON R B, EHLERINGER J R, et al., 1996. Maximum rooting depth of vegetation types at the global scale [J]. Oecologia, 108 (4): 583-595.

CONWAY T M, LATHROP R G, 2005. Alternative land use regulations and environmental impacts: assessing future land use in an urbanizing watershed[J]. Landscape and Urban Planning, 71 (1): 1-15.

CORVALAN C, MCMICHAEL A, HALESS, 2005. Ecosystems and human well-being: health sythesis [M].Geneva: World Health Organization.

DONG J, LIU J, YAN H, et al., 2011. Spatio-temporal pattern and rationality of land reclamation and cropland abandonment in mid-eastern Inner Mongolia of China in 1990—2005 [J]. Environmental Monitoring & Assessment, 179

（1/2/3/4）: 137.

ECKERT S, KOHLER S, 2014. Urbanization and health in developing countries: a systematic review ［J］. World Health & Population, 15（1）: 7-20.

ESTEL S, KUEMMERLE T, ALCANTARA C, et al., 2015. Mapping farmland abandonment and recultivation across Europe using MODIS NDVI time series ［J］. Remote Sensing of Environment, 163: 312-325.

FAN C C, 2005. Interprovincial migration, population redistribution, and regional development in China: 1990 and 2000 census comparisons ［J］. Professional Geographer, 57（2）: 295-311.

GELLRICH M, BAUR P, KOCH B, et al., 2007. Agricultural land abandonment and natural forest re-growth in the Swiss mountains: a spatially explicit economic analysis［J］. Agriculture Ecosystems & Environment, 118（1/2/3/4）: 93-108.

GRAU H R, ALDE T M, 2007. Are rural-urban migration and sustainable development compatible in mountain systems ［J］. Mountain Research & Development, 27（2）: 119-123.

KEELER B L, POLASKY S, 2014. Land-use change and costs to rural households: a case study in groundwater nitrate contamination ［J］. Environmental Research Letters, 9（7）: 074002.

KEENLEYSIDE C,TUCKER G M, 2010. Farmland abandonment in the EU: an assessment of trends and prospects ［R］. London: Institute for European environmental policy.

KHANAL N R, WATANABE T, 2015. Abandonment of agricultural land and its consequences: a case study in the Sikles Area, Gandaki Basin, Nepal Himalaya

［ J ］. Mountain Research & Development, 26（1）: 32–40.

LASANTA T, ARNAEZ J, PASCUAL N, et al., 2017. Space–time process and drivers of land abandonment in Europe［ J ］. Catena, 149（Pta3）: 810–823.

LESSCHEN J P, CAMMERAAT L H, NIEMAN T, 2008. Erosion and terrace failure due to agricultural land abandonment in semi–arid environment［ J ］. Earth Surface Processes & Landforms, 33（10）: 1574–1584.

LIU Y S, LIU Y, CHEN Y F, et al., 2010. The process and driving forces of rural hollowing in China under rapid urbanization［ J ］. Journal of Geographical Sciences, 20（6）: 876–888.

MACDONALD D, CRABTREE J, WIESINGER G, et al., 2000. Agricultural abandonment in mountain areas of Europe: environmental consequences and policy response［ J ］. Journal of environmental management, 59（1）: 47–69.

MATHER A S, NEEDLE C, 1998. The forest transition: a theoretical basis［ J ］. Area, 30（2）: 117–124.

MACDONALD D, CRABTREE J R, WIESINGER G, et al., 2000. Agricultural abandonment in mountain areas of Europe: environmental consequences and policy response［ J ］. Journal of Environmental Management, 59（1）: 47–69.

MORAN–ORDONEZ A, SUAREZ–SEOANE S, CALVO L, et al., 2011. Using predictive models as a spatially explicit support tool for managing cultural landscapes［ J ］. Applied Geography, 31（2）: 839–848.

MOTTET A, LADET S, COQUE N, et al., 2006. Agricultural land–use change and its drivers in mountain landscapes: a case study in the Pyrenees［ J ］. Agriculture, Ecosystems & Environment, 114（2/3/4）: 296–310.

ONUR A C, TEZER A, 2015. Ecosystem services based spatial planning decision making for adaptation to climate changes [J] . Habitat International (47) : 267-278.

RAMANKUTTY N, FOLEY J A, 1999. Estimating historical changes in global land cover: croplands from 1700 to 1992 [J] . Global Biogeochemical Cycles, 13 (4): 997-1027.

RAVEN P, 2000. Biodiversity: extinction by numbers [J] . Nature, 403 (6772) : 843-845.

ROMERO-CALCERRADA R, PERRY G L, 2004. The role of land abandonment in landscape dynamics in the SPA'Encinares del río Alberche y Cofio, Central Spain, 1984—1999 [J] . Landscape and Urban Planning, 66 (4) : 217-232.

SANZ A S R, FERNANDEZ C, MOUILLOT F, et al., 2013. Long-term forest dynamics and land-use abandonment in the Mediterranean mountains, Corsica, France [J] . Ecology and Society, 18 (2) : 38.

SHARPLEY A N, WILLIAMS J R, 1990. EPIC-Erosion Productivity Impact Calculator: model documentation [R] . Technical Bulletin-united states department of agriculture, 4 (4) :206-207.

SHEN Z Y, QIU J L, HONG Q, et al., 2014. Simulation of spatial and temporal distributions of non-point source pollution load in the Three Gorges Reservoir Region [J] . Science of the Total Environment, 493: 138-146.

SITZIA T, SEMENZATO P, TRENTANOVI G, 2010. Natural reforestation is changing spatial patterns of rural mountain and hill landscapes: a global overview [J] . Forest Ecology and Management, 259 (8) : 1354-1362.

SONG W, DENG X Z, YUAN Y W, et al., 2015. Impacts of land-use change on valued ecosystem service in rapidly urbanized North China Plain [J] . Ecological Modelling, 318: 245-253.

STRIJKER D, 2005. Marginal lands in Europe-causes of decline [J] . Basic & Applied Ecology, 6（2）: 99-106.

TABASSUM I, RAHMAN F, HAQ F, 2014. Dynamics of communal land degradation and its implications in the arid mountains of Pakistan: a study of District Karak, Khyber Pakhtunkuwa [J]. Journal of Mountain Science, 11（2）: 485-495.

VIVIROLI D, DURR H H, MESSERLI B, et al., 2007. Mountains of the world, water towers for humanity: typology, mapping, and global significance [J] . Water Resources Research, 43（7）: 263-267.

XI B D, LI X G, GAO J X, et al., 2015. Review of challenges and strategies for balanced urban-rural environmental protection in China [J] . Frontiers of Environmental Science & Engineering, 9（3）: 371-384.

XIE H, WANG P, YAO G, 2014. Exploring the dynamic mechanisms of farmland abandonment based on a spatially explicit economic model for environmental sustainability: a case study in Jiangxi Province, China [J]. Sustainability, 6（3）: 1260-1282.

ZHANG L, DAWES W, WALKER G, 2001. Response of mean annual evapotranspiration to vegetation changes at catchment scale [J] . Water Resources Research, 37（3）: 701-708.

ZHANG Y, LI X, SONG W, 2014. Determinants of cropland abandonment at the parcel, household and village levels in mountain areas of China: A multi-level analysis [J]. Land Use Policy, 41: 186-192.

ZHOU W Z, LIU G H, PAN J J, et al., 2005. Distribution of available soil water capacity in China [J]. Journal of Geographical Sciences, 15（1）: 3-12.

ZHU Y, 2007. China's floating population and their settlement intention in the cities: beyond the Hukou reform [J]. Habitat International, 31（1）: 65-76.

后 记

　　城镇化快速发展是近几十年来发生的一场重大历史变革，它改变了中国的社会经济结构、人口分布及地理景观格局，同时也带来了一系列的生态环境问题。诺贝尔经济学奖获得者斯蒂格利茨曾说过："中国的城市化与美国的高科技发展将是影响 21 世纪人类发展进程的两件大事。"中国的城镇化发展到了全世界的广泛关注。

　　随着城镇化的发展，新增城镇人口对住房、交通、商业、综合服务等方面的需求也会越来越大，这刺激和带动了一系列行业的发展。同时，新增城镇化人口生活质量提高，拥有更多幸福感的人们也必将更富有激情的进行创造性劳动。总体来说，中国的城镇化进程促进了经济增长、社会进步、科技创新、文化多样性和人民生活水平的提升。但城镇化发展也有一些负面的问题，具体体现在资源消耗、环境污染、生态破坏、城乡差距拉大等方面。在本书中，笔者探讨了城镇化发展诸多问题中，发生在农村地区的土地利用变化及生态环境问题。

　　笔者希望通过本书让大家重新审视农村地区正在发生的变革，同时希望可以为相关领域的研究者和决策者提供一些参考和启示，也希望能够引起社会各界的关注和重视。以期社会各界在推动城镇化与农村土地利用协调发展

155

的同时，保护和改善生态环境。

撰写本书的过程是一段艰苦而又充实的旅程，我感谢所有给予我支持和帮助的人，特别是我的老师、同事、朋友和家人，你们的鼓励和指导是我前进的动力和方向。我也感谢所有参与本书数据收集和处理的工作人员，你们的辛勤劳动是本书的重要基础。最后，我非常感谢武汉大学出版社对本书的编辑和校对，你们的专业和细致是本书的保证和完善。

当然，这本书的不足和错误在所难免，欢迎广大读者的批评和指正。

最后，再次感谢您的阅读和关注！